以德尚美
以美育人

——幼儿园
德育和美育教学的研与思

罗红莲 / 著

吉林人民出版社

图书在版编目（CIP）数据

以德尚美　以美育人：幼儿园德育和美育教学的研
与思 / 罗红莲著. — 长春：吉林人民出版社，2023.10
ISBN 978-7-206-20497-5

Ⅰ.①以… Ⅱ.①罗… Ⅲ.①德育—教学研究—学前
教育②美育—教学研究—学前教育 Ⅳ.①G61

中国国家版本馆CIP数据核字（2023）第210161号

以德尚美 以美育人——幼儿园德育和美育教学的研与思
YI DE SHANG MEI YI MEI YUREN——YOUERYUAN DEYU HE MEIYU JIAOXUE DE YAN YU SI

著　　者：罗红莲　　　　　封面设计：李　娜
责任编辑：门雄甲
吉林人民出版社出版发行（长春市人民大街7548号　　邮政编码：130022）
印　　刷：北京政采印刷服务有限公司
开　　本：787mm×1092mm　　1/16
印　　张：8.75　　　　　字　　数：140千字
标准书号：ISBN 978-7-206-20497-5
版　　次：2023年10月第1版　　印　　次：2023年10月第1次印刷
定　　价：58.00元

第一章　德育理论研究

第二章　德育实践

第三章　德育活动

第四章　美育理论研究

第五章　美育实践

第六章　美育活动

第一章

德育理论研究

"在德育中以情感教育促养成教育"
课题实施方案

一、课题的提出

（一）幼儿期德育现状评述

幼儿期是人生的启蒙期，是塑造健康人格和形成良好道德素质的重要时期。但是，从家庭环境来看，幼儿接受的道德熏陶和教育不容乐观。众星捧月般的地位、家长重智轻德的教育，使我们的孩子从小易养成"以我为中心、任性、骄蛮、无礼、依赖、散漫、磨蹭、马虎、霸道"等不良道德意识和行为。幼儿园是幼儿接受教育的最基础时期和主要场所，有责任和义务帮助幼儿克服缺点，使他们逐步形成正确的道德意识和良好的道德行为，使他们将来能适应社会的发展，做一个有益于社会的人。因此，在幼儿园对幼儿进行德育是非常重要和必要的。

但从目前情况来分析，在幼儿园德育方面，还存在一些问题，需要我们认真对待，做深层次的思考。在教学方法上以教师主导为多，忽视了幼儿的主体作用；以集体教育为多，忽视了幼儿的个体特点和差异；以道德知识灌输为多，忽视了幼儿的内在需要。幼儿园中"重说轻行"的倾向，使得有些幼儿讲起来头头是道，而行动却是另外一套。良好的行为习惯总是难以内化为幼儿的内心信念和行为品质，德育成效不高，现行的德育方法亟待更新。

（二）课题意义

德育是教育最古老的话题之一，历来被人们所关注，尤其是在以素质教育为主旋律的今天，德育更是引起人们的高度重视。幼儿期是道德初步形成阶段，是人的情感、个性、行为习惯的奠基时期。此时幼儿的高级神经，具有较强的可塑性，极易受到外界的各种刺激，并会在大脑中留下深刻的印象。因此，在这个最重要、最可塑的教育阶段，我们必须抓住时机，循循善诱，使幼儿真正获益。

著名教育学家叶圣陶先生说过："什么是教育？简单一句话就是要培养良好的习惯。"

在幼儿阶段进行情感教育和养成教育有着积极的意义。情感教育和养成教育作为德育中的两个重要内容，它们之间的联系是紧密、互促的。如果把幼儿德育比作一座高塔，那么情感教育就处于中间和顶尖的位置，养成教育则处于地基的位置。一方面，情感教育虽然可以单独进行，但如果有养成教育做基础则成效更大；另一方面，建立在情感教育基础之上的良好行为习惯更能得到巩固和发展，也更有利于推动整个德育水平的提高。很难设想没有良好行为习惯做支撑的优良情感能够长期存在，也无法想象那种游离于优良情感之外的良好行为习惯能够巩固和持久。

因此，我们提出课题"在德育中以情感教育促养成教育"。希望德育最终对幼儿的行为产生积极的影响，并内化为他们的内心信念和品质，使幼儿真正做到"好习惯，早养成，若养成，益终身"。

二、理论界定与理论支撑

（一）理论界定

（1）情感教育。情感教育是教育过程的一部分，教育者通过在教育过程中尊重和培养学生的社会性情感品质，发展他们的自我情感调控能力，促使他们对学习、生活和周围的一切产生积极的情感体验，形成独立健全的个性与人格特征。

（2）养成教育。养成教育是教育者通过有目的、有计划、有组织的训练活动，使少年儿童养成良好的行为习惯，学会学习、学会健体、学会审美、学会创造、学会生存的一种教育过程。

（二）理论支撑

（1）《幼儿园工作规程（试行）》中指出："幼儿园品德教育应以情感教育和培养良好行为习惯为主，注重潜移默化的影响，并贯穿于幼儿生活及各项活动之中。"《幼儿园教育指导纲要（试行）》中又指出："幼儿社会态度和社会情感的培养应渗透在多种活动和一日生活的各个环节之中，要创设一个能使幼儿感受到接纳、关爱和支持的良好环境，避免单一呆板的言语说教。"

（2）有教育专家提出以幼儿德育为始端和根基的观点。他认为，德育的目标就是要让幼儿知道如何做人。做人是一定要从小就加以训练的，使幼儿养成种种优良的习惯和态度。在幼儿时代受到了良好的教育，到青年时，自然可以减少许多问题。"善始则善终"，这是必然结果。

（3）多元智能理论。多元智能理论认为，每个人的学习进程有所不同，主张教育者应尊重每个人的独特性，而非将他们单一化。

三、课题研究的目标

（1）构建适合我园实际的德育主题活动方案，研究课题的目标、内容、实施途径和操作方法。

（2）通过研究，形成一套有特色的、操作性强的园本课程。

（3）加强教师队伍建设，转变教师的教育观念，提升教科研能力，促进教师专业化成长。

（4）全面提升师生道德修养，构建幸福和谐幼儿园。

四、课题研究内容

（1）设计"以情感教育促养成教育"主题活动方案，分别在不同的年龄班实施，开展情感教育和养成教育互促的研究。

（2）创设有利于情感教育和养成教育的大环境。

（3）充分利用社区、家庭资源开展实验研究。

五、课题研究对象

本园全体幼儿。

六、课题研究的方法

（1）文献资料法。通过资料查询，不断丰富对幼儿园德育工作的认识，并把这种认识转化为行动。

（2）调查分析法。通过访谈、问卷等科学方式，搜集有关德育问题和现状的资料，分析课题实施前进行的调查和实施后进行的调查，并进行对比分析，为课题研究提供科学事实。

（3）行动研究法。以课题研究工作中的问题作为研究对象，将行动与研究相结合，用研究指导行动，用行动提升研究，在研究的同时重点写好相关文章，以便更好地指导行动，创新德育实践方法。

（4）个案研究法。个案研究法主要用于个别幼儿不良习惯纠正的研究、习惯养成的影响因素研究。

（5）经验总结法。各主要操作者在各自探索的基础上，形成一定的经验，通过总结上升至一定的理论高度。

七、课题拟解决问题

（1）培养幼儿良好的行为习惯、生活习惯、学习习惯。

（2）弥补幼儿园教育资源的不足，拓展幼儿园教育内容。

（3）组织一系列德育主题活动，提高我园的德育水平，打造品牌幼儿园。

八、课题创新之处

（1）强调情感教育与养成教育的辩证关系。

（2）注重幼儿的情感体验，强调行为习惯的内化。

九、课题实施步骤

第一阶段：课题准备阶段（2012年2月至2012年7月）

（1）组建课题组，撰写课题方案。

（2）广泛收集资料，组织理论学习和教师培训。

第二阶段：课题研究实施阶段（一）（2012年9月至2013年7月）

（1）制订子课题方案。

（2）依据方案要求组织实施。

（3）收集典型个案材料及课题反思、案例专辑。

（4）进行第一阶段小结、交流、专家指导。

第三阶段：课题研究实施阶段（二）（2013年9月至2014年7月）

（1）依据方案要求组织实施。

（2）收集典型个案材料及课题论文专辑。

（3）进行阶段性成果鉴定或小结、交流。

第四阶段：课题总结评估阶段（2014年7月至2015年3月）

（1）总结研究课题成果，汇编成册。

（2）撰写结题报告。

（3）专家评估。

十、课题实施方法

（1）加强师资培训。①外出参观学习，②邀请专家来园指导，③组织理论业务学习，④加强自学。

（2）加强师德修养。教师本身的品质是养成儿童品格的重要因素，身教重于言教。

（3）钻研业务，在教学中渗透德育。

（4）积极开展德育综合实践活动。

① 游戏性的德育活动。

② 开展常规德育活动。如节日活动、娱乐活动、主题活动、小公民道德宣传周、晨间谈话等，针对性地进行讨论、模拟、实践。

③ 参与社会实践活动。充分挖掘社区教育资源，引导幼儿参与社会实践，从而磨炼其意志。

④ 组织开展劳动实践。如开辟种植园地、自然角，做值日生，开展自我服务比赛等活动，让幼儿参与劳动实践。

（5）创设良好的育人环境。知识的来源并不限于书本，幼儿周围的人、身边的事都是学习资源。因此，环境是德育的主阵地。

① 各年龄段区角、主题墙体现德育内容，幼儿园环境布置渲染育人氛围，如张贴英雄画像、激励性口号，开设德育角和红花榜等。

② 通过每星期的国旗下讲话，潜移默化地感染教育幼儿。

③ 适当开展园内活动。如讲故事，歌曲表演，评选礼仪之星、文明小天使等。

（6）充分开发家长生活资源。家庭是德育的第一课堂，家长是幼儿的第一面镜子，是教育幼儿强有力的人物。只有将学校、社会、家庭统一起来，形成合力，才能收到事半功倍的效果。

① 召开家长会，布置家园栏，向家长宣传德育知识，更新、转变家长的观念。

② 开展一系列亲子活动，在互动中让家长走进幼儿的世界，倾听幼儿的心声。

十一、课题预期研究成果

（1）课题调查报告。

（2）课题研究报告。

（3）相关的活动照片、录像。

（4）德育主题活动方案集。

（5）研究论文集。

"在德育中以情感教育促养成教育"
课题中期总结

2021年德育课题"在德育中以情感教育促养成教育"在我园开展研究，全园教师响应号召，全情投入研究工作。在研究过程中由于多个方面的因素，遇到了很多困难，但最后在园领导的支持、鼓励下，在教师的坚持和努力下，研究实践工作得以顺利开展，现将课题研究以来的情况总结如下。

一、异彩纷呈，德育子课题全面开花

研究伊始，教师对班内幼儿的特点、班级的现状做了较全面的分析与评估。在教师的努力下，小一班的《幼儿文明礼貌养成教育实践的初探》、小二班的《对幼儿进行友爱教育的探索》、小三班的《幼儿期文明礼貌行为的培养探索》、中一班的《幼儿生活自理能力培养的实践研究》、中二班的《幼儿团结合作的实践研究》、中三班的《幼儿珍惜教育的探究方法》、大一班的《幼儿服务意识和能力的培养探索》、大二班的《孝敬父母，尊敬师长——幼儿情感教育的研究》、大三班的《幼儿合作意识的培养探索》、大四班的《增强幼儿自控能力探索》，10个适合班级发展且具有较强时代性的德育子课题应运而生。

二、师生共努力，养成教育初见成效

我们在幼儿园对幼儿进行德育，是很有意义的！随着课题的开展，幼儿在教师一个个精心设计的活动中成长，我们感悟到幼儿的点滴进步。小二班的幼儿在与同伴的一次次分享中学会了谦让，小三班的幼儿在教师的示范引领下学会了文明礼貌的行为，中三班的幼儿在一粒米的故事中学会了珍惜，大二班的幼儿在主题活动的熏陶下懂得爱、学会爱、回报爱，大三班的幼儿在团队活动中理解了合作的意义和重要性……这些良好的品质和习惯会伴随他们成长，进而影响他们终身。

三、积极探索，教科研能力更上一层楼

教师是教育的执行者，教师的教科研能力直接影响教学质量的优劣，因此提高教师的教科研能力是我们不懈的追求。在课题研究过程中，教师为了达到研究的实效，对幼儿的行为进行了细致的观察、周详的记录、深入的分析，对课题研究内容和方法不断地进行调整，使课题研究活动顺利地开展。在这样一个过程中，教师参与教研的积极性提高了，教科研水平得到了进一步的提升，逐渐由实践型转向科研型。

四、存在问题与努力方向

经过两年多的准备和实践，我们幼儿园的教师对课题研究的工作有了较高的认同感，也投入了较多的时间和精力，我们有坚定的信心完成好这次教研任务。但理论知识不足，教科研实践经验少，总结反思能力不强，对课题研究的开展、经验的总结、理论的提升都造成了一定的影响。再者，财政部门供给我园教育经费逐年削减，园里的经济运作困难，研究经费难以保证。因此，我们渴望得到上级教育部门的理论指导，希望在有关领导、专家的指引下，进一步完善我们的课题研究模式，更希望有关部门能协调落实我园的教育经费，帮助我们走出一条科研兴园的宽广大道。

优秀传统文化传承视角下的教育实践

优秀传统文化中的"以德为先",让我园思考如何将蕴藏着丰富价值观念的中华优秀传统文化与幼儿教育更好地融合在一起,选择幼儿乐学的内容为切入点,通过游戏的方式渗透到幼儿的课程之中,落实立德树人的根本任务。经过分析、调研,我园遵循幼儿身心发展规律,促进幼儿习惯养成,提出以下培养幼儿自主发展性的教育内容:"陶艺教育""中国象棋""经典故事""阳江风筝"。

一、优秀传统文化课程的探索

(一)陶艺教育

全国许多省市幼儿园的实践证明,陶艺教育是素质教育非常有效的载体。在幼儿园开展陶艺教育既是中国优秀传统文化传承所需,也是深化新课程改革所需,更是提高幼儿综合素质所需。早在10多年前,我们就在幼儿园开设陶艺课,近年我们继续沿着这个实践路程,加大力度去开展陶艺教育的研究,通过这一特殊的艺术表现形式体现出来的形象美、造型美,给幼儿以民族文化的熏陶和审美能力的培养,浸润校园文化。

(二)中国象棋

近年来,阳江象棋界邀请一批批国家级象棋大师,如吕钦和许银川等相继来阳江开展交流活动,带动了阳江象棋事业的发展,一批象棋新秀成长起来，如洪家旋、陈球、黎铎、邓家荣等，极大地活跃了阳江市的象棋发展氛围。我们也争取了市象棋协会常务副会长谭流同志的支持和指导，派省赛冠军洪家旋培训我园教师和给孩子上课。在这样的资源优势背景下，开展了我园中国象棋教学的园本课程开发。

（三）经典故事

我们抓住教育的契机，结合本园读书月活动，创设"亲子经典故事诵读小讲坛"，让家庭教育传承优秀传统文化中最优秀的元素，让那些浓缩了中华五千年的思想精髓熏陶孩子的言行，使他们懂得做人的道理。正如孔子所说的"少成若成天性，习惯如自然"，让孩子真正做到"好习惯，早养成，若养成，益终身"。

（四）阳江风筝

在政策支持下，我园积极响应和推广阳江风筝传统文化，成为2018年首批"广东省非物质文化遗产阳江风筝制作技艺传习所"的幼儿园，开始我园本土文化园本课程的探索与实施，并通过非遗进校园为幼儿认识、学习优秀传统文化提供良好的平台，切实加深幼儿对本土文化的尊重和热爱，让师生感受非遗文化的魅力，为传承优秀的民族文化奠定基础。同时，把中华优秀传统文化科学地整合到校园文化建设中，使幼儿身心受到优秀传统文化的滋养，童蒙养正。

二、优秀传统文化课程的实施途径

（一）结合传统节日开展陶艺主题教学

我园先后设置了陶艺室，配备了陶艺实践和研究所需的现代化设备与工具，如烧制窑炉、拉坯机、作品展示柜、各种陶艺工具材料等，为我园陶艺教育的开展提供了有力保障。在教学中，我园开展以"感受传统节日文化"为主题的有关陶艺创作活动，对幼儿进行民族文化艺术的熏陶和激发幼儿对中国陶瓷艺术的热情。重阳节主题活动——"爷爷奶奶，我爱你们"，让幼儿亲手制作一份陶艺"礼物"送给爷爷奶奶，使幼儿懂得尊老、爱老是我们中华民族的传统美德，从中受到深刻的思想教育，更加珍惜今天的幸福生活。

（二）致力"中国象棋"的园本课程开发，寓教于乐

我园致力沿着成长的足迹，把象棋教学贯穿于幼儿的一日生活当中，结合区域活动品象棋文化，讲象棋故事，做象棋游戏，乐象棋对弈等。在洪老师的指导下，我们还分不同年龄段编写了适合本园幼儿兴趣和发展水平的园本教材，通过让幼儿了解象棋文化和参加象棋教学活动，培养他们的爱国情怀、遵守规矩的好习惯，以及团队精神。同时，在幼儿园各场所增添各种象棋元素，让幼儿从中可以多方位、多角度受到熏陶，感受到浓浓的象棋文化氛围，乐在"棋"中。

（三）举办亲子诵读活动

中华经典故事是幼儿园生活化、游戏化教育教学活动的一部分。我园紧握幼儿教育的核心价值，遵循幼儿教育的基本原则和幼儿学习发展的基本特点，在幼儿园创办"亲子经典故事诵读小讲坛"活动，每次挑选4组家庭和40名家庭观众，分别在3个年级组开展，故事内容有《孔融让梨》《凿壁偷光》《铁杵磨成针》等，让浓缩了中华五千年的思想精髓熏陶幼儿的言行，让幼儿在诵读经典故事中学会做人的道理。

（四）非遗进园，丰富校园文化

我园设立并完善了传习所管理制度，做好风筝文化的教育活动选材，分别把风筝放飞和风筝制作、绘画纳入不同年龄班的文化课程并开展教研。同时，举办校园风筝文化周：名家有约"娓娓道来风筝文化大学堂"、良师指导"DIY风筝制作体验"、家长"风筝文化知识竞答"和"筝的爱你"风筝展等。

三、优秀传统文化课程的推广应用

我园把"陶艺教育"、"中国象棋"、"经典故事"和"阳江风筝"文化进行了多元融合，通过每年一届以"播"为主题的美术展将其以艺术的形式表现出来，形成我园浓浓的传统文化艺术特色，并成功地在全市推广。

四、优秀传统文化教育存在不足与努力方向

（一）存在不足

（1）在提高优秀传统文化教育与校园文化有机结合方面的研究缺乏专家的引领。

（2）家长对我园优秀传统文化教育的了解不够全面、深入，使家庭教育和幼儿园教育出现差距，影响了家园共育的效果。

（二）努力方向

（1）通过专家引领，继续加强理论学习，提高教师整体教学水平和理论素养。

（2）积极开展家长培训，使家长教育与幼儿园教育保持一致，达到家园共育，以更好地促进幼儿身心健康全面发展。

妙用优秀传统文化构建我园课程文化特色

由于幼儿对本民族的优秀传统文化了解不够，因此让优秀传统文化在幼儿心中扎根刻不容缓，也是我们幼教工作者承担的神圣使命。我园遵循《3—6岁儿童学习与发展指南》的课程要求，挑选了符合幼儿自主发展的优秀传统文化内容："阳江风筝""中国象棋""经典故事""创意美术"等。我园本着"一切活动皆课程"的理念，构建颇具特色的园本课程，让中华优秀传统文化厚实幼儿的素养，使幼儿形成积极的情感与优秀品格。

下面我来介绍这4门课程的开展情况。

第一，"非遗文化喜进校园"："阳江风筝"是当地的本土文化，有着1400余年的历史，每年九月初九重阳是"阳江风筝节"。2018年，我园申报了"广东省非物质文化遗产阳江风筝传习所"，做好风筝文化的教育活动选材，把风筝放飞纳入体育课开展教研，把风筝制作和绘画纳入美术课开展教研等（评委老师手上有我们申报传习所的方案和计划）。同时，我们结合传统节日开展放风筝等活动，通过非遗进校园为幼儿提供认识和学习优秀传统文化良好的平台，切实加深幼儿对本土文化的尊重和热爱，让师生感受非遗文化的魅力，为传承优秀的民族文化传统奠定基础。

第二，"象棋文化融入校园"："中国象棋"是弘扬民族精神和提高幼儿综合素质的重要途径。我们在专家的指导下，开发了园本象棋教材，开展多元化的象棋教学活动（评委老师手上有我们的园本教材）。同时，我们还举办了全体教职工和家长象棋大赛，通过比赛提高了水平，增进了感情，园内更是充满了象棋文化的氛围。

第三，"经典文化洒满校园"：我们课题组成员创办了"亲子经典故事诵读小讲坛"活动，分小、中、大班级开展，招募家庭报名参加，并经过故事筛选后，以亲子的形式在台上讲经典故事或经典诵读；（经典故事材料）再通过互动环节——抢答，让孩子重温故事内容，并分享做人的道理。

第四，"美育文化浸润校园"：为了更好地贯彻《幼儿园教育指导纲要（试行）》《3—6岁儿童学习与发展指南》等精神，我园努力遵循"以幼儿发展为本"的学前教育课程理念，积极构建"在实践中发展，在发展中创新，在创新中完善"的课程管理模式。我园以传统和民间艺术为突破口，开设陶艺、彩墨画、编织、扎染等课程，进行幼儿美术课程的探索和研究，形成独特的美育校园文化。我们创建了陶艺工作室，并配备了陶艺设备和部分陶艺作品；彩墨画是中国传统文化的精华，让孩子走进彩墨画，体验乐趣和感受其魅力，并在温馨的彩墨画工作室里面创作自己的作品；我们还开设了传统且风靡的编织课程，让大家惊艳于孩子的动手能力和创造能力；开设扎染课程，让孩子亲身感受传统扎染艺术的神奇，并进行创造。

蔡元培说过，教育家最重要的责任就是创造文化，而中国文化的魅力就在于创造。在研究中，我们致力突破单一的教学模式，从立足幼儿和关注发展的角度，整合五大领域的课程，融合音乐、行为艺术等多元开放的艺术形式，开展幼儿园园本课程的建设与美术教学改革的实践。通过多维度的感知、体验、再现，让幼儿畅游于艺术的海洋。

我园结合特色教育对幼儿园环境进行打造，以达到人与环境的和谐统一。这里不仅有投入40多万元装修的温馨的多媒体室，还有投入30多万元改造的雅致的儿童卫生间，更有唯美的草地、自然生态的艺术长廊。

　　第五，我园特色课程的推广。我园通过举办每年一届以"播"为主题的美术展，向全市同行进行展示和介绍。阳江新闻对我园美术展进行了专门报道。同时，我园也得到了阳江市教育局的大力支持，每年的美术书法专委会工作会议都在我园举行。另外，我园还开展幼儿美术公开课活动，引领着阳江幼儿美术的发展。

　　最后，我园通过课程把幼儿园的核心要素统筹在一起，致力打造机关幼儿园的品牌特色。

美育对塑造美好心灵的重要作用

　　3～6岁是儿童优秀品格形成的重要阶段，幼儿教育工作者应该在幼儿心里播下一颗艺术的种子。一是坚持立德树人，把握社会主义办学方向。我园把社会主义核心价值观融入美育教学之中，在社会主义核心价值观的引领下组织开放、自由、多元、趣味的美术课堂，使幼儿从被动学习转变为主动学习，由接受性学习转变为探索性学习，在自由开放的空间丰富幼儿的情感，在幼儿心里播下一颗艺术的种子。二是坚持面向人人，改进美育教学单一的教学方法问题，充分创造条件和机会让幼儿在大自然与社会文化生活中萌发对美的感受及体验，丰富其想象力和创造力。三是扎根时代生活，弘扬中华美育精神。通过开展丰富的美育活动，做强中华文化的根基，弘扬中华优秀传统文化，如构建欣赏中国传统民间艺术（年画、剪纸、年糕、皮影等）、感受地方本土文化（如舞狮、赛龙舟、风筝）和认识中国传统佳节等课程，引导幼儿学会用心灵去感受和发现美，用自己的方式去表现和创造美。四是坚持不忘初心，建强教师队伍。通过组织幼儿美术教师的培训和幼儿园之间的教学交流，更新教师的观念，使教师在园本教学中，变主导者为引领者和支持者，促进美术教师专业方面的自主学习和研究，以形成教学相长的态势。五是遵循美育特点，健全完善机制。近年来，我园立足幼儿，从关注发展的角度，着眼于幼儿美术课程的建设与美术教学改革的实践，突破传统的幼儿美术教学模式，借鉴活动理论，聚焦幼儿在整个美育过程中的主体地位,强调探索实践,通过形式丰富的美术活动不断培养幼儿感受和发现美、表现和创造美的能力,逐渐形成了我园美育教学的特色和风格。

其中,冯爱兰和陈景宜撰写的《美术课程建设与教学改革》获得了阳江市美术案例评比一等奖。

优秀传统文化在幼儿园中的应用

一、优秀传统文化的重要性

随着时代变迁，优秀传统文化作为中华民族的精神基因传承至今，不仅具有独特的历史价值、文化价值，还是中华民族的精神家园、文化家园，是我们国家的精神财富。优秀传统文化在立德树人中的作用尤为重要。学习和传承优秀传统文化，不仅可以增强幼儿的文化自信和民族自信，而且可以锻炼幼儿的德、智、体、美全面素质，塑造一批有理想、有信仰、有道德、有才艺的人才。

二、立德树人引领优秀传统文化应用

立德树人是教育的核心任务，是培养适应时代发展、贡献社会的高素质人才的必经之路。传承优秀传统文化，丰富校园文化，融入园本课程，"以文化人，为本立人"，可以培养幼儿的品德美、智力美、体魄美，实现立德树人育人目标。

（一）园本课程中的优秀传统文化

园本课程是幼儿园的专业特色课程，是学前教育的重要组成部分。在课程设置和教学活动中，可以融入优秀传统文化元素，如为幼儿讲述经典故事，让他们了解历史人物和传统文化，同时，也可以通过手工制作、游戏等形式培养幼儿的艺术素养和思维能力。我在幼儿园先后设置了陶艺室，配备了陶艺实践和研究所需的现代化设备与工具，如烧制窑炉、拉坯机、作品展示柜、各种陶艺工具材料等，为我园陶艺教育的开展提供了有力保障。

（二）优秀传统文化在校园文化建设中的应用

校园文化建设是提升学校软实力和办学品质的关键性工作。优秀传统文化是校园文化建设的重要来源，可以在课堂教学、比赛、活动中充分应用，营造浓郁的校园文化氛围，鼓舞幼儿爱国爱家、诚信守约，形成良好的校园文化风尚。例如，在幼儿园宣传栏中可以宣传与传统节日相关的知识，对传统文化名人进行介绍等，让幼儿在吸收新知识的同时，也了解自己的根源。

（三）优秀传统文化在课堂教学中的应用

为将优秀的传统文化融入幼儿园的课堂教学，我们采取了营造传统文化氛围，开展主题活动，增加传统艺术课程，增加亲子互动等措施。例如，开展以"春节"为主题的活动，可以让幼儿了解春联、欣赏年画等，帮助他们理解春节的文化内涵和传统习俗；在教室中增加一些传统的装饰元素，如中国结、书画作品等，以营造出浓厚的传统文化氛围；设置一些如国画、扎染、陶艺和剪纸等的传统艺术课程，培养幼儿对传统艺术的兴趣和欣赏能力。通过这些措施，不仅可以培养幼儿对优秀传统文化的兴趣和认知，还可以将中华优秀传统文化传承和弘扬下去。

（四）优秀传统文化在课外活动中的应用

优秀传统文化可以被应用在丰富多彩的课外活动中，为幼儿提供更广阔的文化视野和文化体验。例如，在文化节、国学营等活动中，可以组织幼儿进行舞狮、舞龙等传统文化活动；在夏令营和体验式教学中，可以鼓励幼儿进行风筝制作、剪纸等手工活动，向幼儿展示传统文化的精髓。

三、优秀传统文化的深入挖掘与传承

中国象棋是一种具有深厚历史底蕴和文化内涵的智力游戏，其丰富的教育价值不容忽视。在幼儿园教育中，通过深入挖掘和传承优秀传统文化的内涵，可以让中国象棋成为幼儿教育的重要工具，能有效提高幼儿的智力水平、思维能力和社交能力。为了更好地实现这一目标，可以采取以下措施。

了解历史和文化背景。教师通过研究中国象棋的发展历程和阳江地区的文化传统，深入了解中国象棋在当地人民生活中的重要地位。了解中国象棋的历史和文化背景，教师可以更好地向幼儿传授相关知识，帮助他们更好地理解中国象棋的价值和意义。

开发园本课程。聘请阳江市专业的象棋大师，根据幼儿的特点设计简单、有趣、易于理解的中国象棋园本课程。通过讲解和演示，让幼儿了解中国象棋的基本规则和棋子的移动方式；通过故事、游戏等形式，将中国象棋的知识融入课程中，使幼儿更加容易理解和接受。

开展多样化的中国象棋活动。除了课程学习外，还可以组织多样化的中国象棋活动，如举办象棋比赛、制作象棋棋盘和棋子、观看象棋大师比赛等。这些活动不仅可以增强幼儿对中国象棋的兴趣和热情，还可以培养他们的创造力和合作精神。

增强家庭参与和家园合作。家庭是传承优秀文化的重要场所，教师可以通过家园合作的方式，让家长参与中国象棋的教育。例如，教师可以邀请家长与幼儿一起学习中国象棋，或者组织家庭象棋比赛等。这不仅可以增强家庭的文化氛围，还可以帮助幼儿更好地理解和传承中国象棋这一优秀传统文化。

结合其他传统文化活动。将中国象棋与幼儿园的其他传统文化活动相结合，如剪纸、书法、绘画等，可以进一步丰富教育内容，促进幼儿对优秀传统文化的全面了解和体验。

总之，深入挖掘和传承传统文化的内涵，将中国象棋融入幼儿教育中，可以帮助幼儿更好地理解和传承这一优秀传统文化，同时，也可以促进他们的全面发展。这需要教师、家庭和社会的共同努力，共同为传承优秀传统文化和培养未来人才贡献力量。

第二章

2

德育实践

发现孩子的"闪光点"实录

班里有一个叫陈某某的孩子一直让我感到苦恼。每天都有好多小朋友来向我告状，指责他打人、骂人、抢他们的玩具，甚至弄坏他们的衣服，等等。我感觉好像每天都能在耳边听到这个名字，实在是让我感到苦恼。我曾经采取了许多方法，包括谈心说服、严厉批评劝告等，还让他体会其他小朋友的心情，但是这些方法都没有明显的效果。后来，我尝试和他的家长交流，想了解他这样做的根本原因，经过几次谈话，我发现，家长对于孩子的行为也无能为力，基本上已经放弃了他，他们认为孩子是不可救药的。后来，我意识到，这正是问题所在。家庭、幼儿园教师和小朋友对他的排斥，在他的心里留下了很深的阴影，他也对自己失去了信心。一个对自己没有信心、内心缺少关爱的孩子，能有什么出色的表现呢？因此，我抛开了我以前对他的看法，重新开始了解他，关注他。

发现一：

区域活动结束时，陈某某收拾好玩具后，发现地上有纸屑，于是他迅速拾起并清理干净。我在全班小朋友面前表扬了他维护班级卫生的好行为，并让全班为他鼓掌。这种积极的行为可以激发更多小朋友投入卫生维护工作中，共同营造舒适的学习环境。

发现二：

早晨，陈某某通常会提早来到幼儿园，帮助教师整理图书。他的整理方法有条不紊，首先按照大小顺序整理图书，其次修复破损的图书并耐心地晾干，最后整齐地摆放好它们。我决定抓住他这个优点，以此作为突破口来改变他。于是，我选他做我们班级的小小图书管理员，让他负责整理、发放和保护班里所有的图书。他认真而专注地完成了任务，而且他通过书籍与同学交流，愉快交往，成了班级里备受欢迎的一员。

分析与思考：

通过对陈某某的教育方案，应深刻认识到教师正确看待每个孩子的重要性。孩子是家庭的希望、祖国的未来，而幼儿教育是现代教育的重要组成部分。因此，对孩子进行幼儿教育是非常必要的。现在的父母都希望子女能够取得更好的成绩和发展，这就更加凸显了幼儿教师的责任和重要性。我们在幼儿教育中应该善于发现孩子的"闪光点"。每个孩子都有自己的优点，作为教师，我们要注意并善于发现孩子的优点，并根据孩子的特点，因材施教。当他们有了进步，我们要及时给予表扬和鼓励，使他们认识到自己的价值和增强自信心，这有助于促进幼儿个性的健康发展。在这个充满活力、机遇和竞争的世界，要培养出社会的栋梁和祖国的未来，幼儿教育任重道远。我们需要不断努力去探索在幼儿教育过程中如何发现孩子的"闪光点"，充分调动孩子的积极性和主动性，给予他们信心，使他们茁壮成长，早日成为社会主义事业的接班人。

让艺术成为孩子生命的一部分

"我以后想做警察，所以准备在风筝上画一辆警车。"小朋友一边裱糊风筝，一边说。一只小巧的风筝初见雏形。"老师，怎么打线结才行？""老师，我的风筝这样做对不对？"……现场以"筝的爱你"为主题的"非遗进校园"风筝制作活动正如火如荼地进行。省级、市级风筝非遗传承人梁玉泉老人应接不暇，乐呵呵地、耐心为孩子讲解。他在接受电视台采访时说：风筝是阳江的传统文化，要将风筝文化在年轻一代人中传播、传承下去。

当我还陶醉在现场音乐和艺术唯美结合的情景中时，被记者突然递过来的麦克风吓了一跳："园长，你是基于什么想法开展这次活动的？"我定了一下神说："为了园本课程能够取得理想的实施效果，我园尽力为幼儿创设具有本土文化特色的园所环境，对幼儿进行潜移默化的熏陶。我带你去参观一下幼儿园的艺术展馆和艺术长廊。"在我的引领下，记者被"快乐的赛龙舟""风情的海文化""美丽的风筝之乡""海陵岛号高铁开通了"等具有浓浓本土化特色的作品深深吸引住了……

曾几何时，幼儿园一度缺少艺术美课程……

"你们幼儿园一点艺术氛围都没有，我是不可能把孩子送到这里的。"一位慕名而来的家长在参观完园所后，毅然拉着孩子的手离开了。"园长，我们幼儿园怎么连一个像样的美术室都没有？"，"园长，某某幼儿园成立了名师美术工作室"，一句句话语，听得我无地自容，深感任重而道远啊！

正当我冥思苦想，百思不得其解时，一个创意无限的综艺节目让我灵机一动，对啊，成立"艺术创意组"，撸起袖子加油干。一些有美术特长的教师很快就加入了队伍，跃跃欲试。"哈哈，这是我设计的土坡剧场"，"艺术长廊的扎染坊是我的成果"，"你看，这个鸟巢是我花了几个晚上的时间弄出来的"……教师的突发奇想和设计理念被采用后，每个设计场景都会写上设计者的名字，这让她们倍感骄傲。

"你们的艺术创作和理念可以跟上我省先进幼儿园的步伐了！"在我园一次融合了音乐、行为艺术等多元开放的艺术模式美术展上，一位来园观摩的小学美术骨干教师大加赞赏。

到了这时，我这个"开荒牛"要把接力棒交到业务副园长手上了。她通过主题活动引领、集体教学支撑、区域活动拓展、环境资源渗透和特色美术展护航等，构建了完整的园本美术课程体系。

"赤橙黄绿青蓝紫，谁持彩练当空舞？"如今，独特的风采和魅力是我园教育的灵魂。随着美好蓝图的徐徐展开，我许下了让艺术陪伴孩子健康成长的约定……

美德教育无处不在

作为一园之长，应该具有创新精神和创造力，要与时俱进，不断探索新思路、新方法。我决心，强军必先强将，一切从自己做起。

当然，下定这个决心，并不容易。毕竟自己毕业已经二十几年了，一直奋斗在教学一线，学习的机会不多。但是，我坚信：只有想不到的，没有做不到的。于是，我克服了一切困难，加快了学习节奏，先后参加了为期1个月的全国园长班和为期3年的省级骨干校长培养，以及为期3年的广东省名园长工作室的学员培训等，参照园长专业化的标准，不断发展自己、更新自己和提升自己。短短几年时间，无论是在规划园所发展、营造育人文化，还是在引领教师成长、优化内部管理等方面我都有了很大的提升。

其中，在引领教师成长方面，我把加强教师的美德培训作为重点来抓，因为只有教师内在的修养和素质得到提升，才能激发其工作的积极性。比如，我经常提到作为教师，我们的使命是什么；作为教师，我们和其他职业有什么不同等，帮助教师反思。同时，我园组织"美德在心中"教师演讲比赛和开展以"弘扬高尚师德，潜心立德树人"为主题的户外团队拓展等活动，引导全体教师提高职业道德修养，自觉遵守职业道德规范，积极探索新形势下符合教育规律和教师成长规律的师德建设新方法、新途径，大力弘扬新时期人民教师"创新、互助、感恩"的精神。通过系列的培训和活动，整个教师团队的素质不断提高，幼儿园的文化也在逐步形成。在浮躁的当下，美德给我们全园带来了很强的凝聚力。

教师们说："喜欢机关幼儿园，就是喜欢我们的文化，喜欢我们的团结，喜欢我们的支持，喜欢我们当一个人犯错时不是批评，而是陪伴和鼓励他。"教师团队稳定、成长和进步，最直接受益的就是孩子，因此，美德文化对幼儿园最大的帮助也是在这里吧。

最令我欣慰的是，因为我的专业引领，一些中层干部迅速成长起来，在工作上成为我的有力助手，让我能保持更好的状态开展管理工作。

如我们教务室陈主任，在我的支持和鼓励下，克服了学习的畏难情绪，参加了为期3年的提升教研能力的国培班，以优秀的成绩结业，其撰写的一篇论文发表于中国核心期刊《广州广播电视大学学报》。她由衷地对我说："罗园长，您当初鼓励我的那句话，我记忆犹新，您说，作为教研组长，自己没有一桶水，如何给老师一碗水？今天，我做到了，真的非常感谢您！我会以饱满的热情和积极的心态投入教学教研管理工作中，回报您对我的教育！"之后她带领着教师团队开拓创新，蓬勃发展，教学成果不断；而她自己也相继获得了"阳江市优秀教师"和"广东省南粤优秀教师"的荣誉称号，我见证了她的成长。

另外，还有我们的保健室医生，她是一位老员工，总有许多的建议和点子，因为思路比较陈旧且没有建设性，很少被我采纳。而她认为我们不尊重她，就经常跟我们"唱反调"。针对这个棘手问题，我没有回避，而是耐心找她分析、探讨，换位思考，让她理解我的工作思路。甚至我大胆地任用她做保健主任，把她吸收到我们的管理队伍中来，用她所长。在任职谈话的时候，她诚恳地对我说："以前我很冲动、不理性，有不妥的地方，请多多包涵！"后来她在各方面工作中都非常积极配合，起到了榜样的作用。我想，这是一个以德服人的鲜明例子吧！

美德教育对我园的文化建设起到了积极的促进作用，也是人心所向。因为我的管理，真正激励了员工，使员工整体呈现努力向上的状态。以后，我会坚持把美德教育看作一种积极的生活方式，努力让师幼共同生活在一种充满道德意义的环境中，不知不觉地彼此学习，情不自禁地互相感染：像翠竹一样拔节，像香樟一样芬芳，像阳光一样无处不在，像呼吸一样自然，让幼儿在美德的浸润中幸福成长！

第三章

德育活动

阳江市政府机关幼儿园重阳节
感恩活动方案

一、设计思考

农历九月初九是我国的重阳节,重阳节又叫"老人节"。往年的重阳节,我们主要开展与风筝制作、放风筝有关的主题活动。但重阳节绝不只是登高、放风筝、赏菊的节日,它还提醒我们老年人更需要爱、关心、健康、快乐。尊老、敬老是中华民族的传统美德,创建尊老、敬老、爱老、助老的氛围,需要全社会的参与。幼儿是祖国的未来,为了更好地从小培养他们尊老、爱老的优良品质,我们幼儿园在重阳节开展敬老主题活动,组织孩子与自己的爷爷、奶奶一起联欢,用自己的方式表达对爷爷、奶奶等老人的关心和爱护。

二、活动目标

(1)通过活动让幼儿了解农历九月初九是我国的重阳节,这一节日又叫老人节。

(2)让孩子感受爷爷、奶奶的爱,学习如何尊敬爷爷、奶奶,鼓励他们为爷爷、奶奶做一些力所能及的事。

(3)培养幼儿尊老、爱老的优良品质。

三、活动准备

（1）学习有关儿歌、故事、歌曲，了解九九重阳节又是老人节。

（2）收集幼儿"我和爷爷、奶奶在一起"的照片来布置教室。

（3）请家长配合，鼓励幼儿在家里帮爷爷、奶奶做力所能及的事情，培养幼儿关爱老人的情感。

（4）准备为爷爷、奶奶制作卡片的材料。

（5）准备熟鸡蛋（按幼儿人数准备）。

（6）准备欢迎海报、标语。

四、活动安排

时间：2013年10月12日下午。

地点：中、大班在幼儿园操场、小班在教室。

过程：

（1）伴随音乐为爷爷、奶奶捶捶背；

（2）把剥好的鸡蛋献给爷爷、奶奶品尝，并对爷爷、奶奶说句贴心的悄悄话；

（3）亲手做一张卡片送给爷爷、奶奶。

阳江市政府机关幼儿园节约用水
主题活动方案

一、设计意图

让孩子懂得保护水资源，了解水的重要性是本次活动的主要目的。虽然孩子们口头上都知道要节约用水，但节约用水的意识还比较薄弱，在平时的生活中孩子们都有玩水、浪费水的现象，比如，很多孩子洗手时会将水龙头开得很大；洗手时玩水，洗完手不关水龙头；把水杯里的水随意倒掉；等等。《幼儿园教育指导纲要》指出：从身边的小事入手，培养孩子初步的环保意识和行为。在创建节约型社会的今天，有必要让孩子了解水资源的宝贵，以及让他们增强节水意识。节约用水，不能只是停留在口头上，而是要付诸行动的。愿"节水"的种子在孩子们的心里生根、发芽，那么地球母亲的未来就会充满希望！

二、活动目标

（1）关注水的作用及水与人们生活的密切关系，增强幼儿爱惜水、节约用水的意识。

（2）了解我国水资源的现状，知道节约用水的重要性，认识节水标志。

（3）初步掌握一些节约用水的简单方法。

（4）爱护、珍惜水资源，在日常生活中养成节约用水的良好习惯，并能劝说别人节约用水。

三、环境创设

师幼收集关于节水的资料，布置"节约用水"宣传栏。

四、具体活动

活动一：了解水分布情况和水的作用

（1）导入：小朋友，你们在什么地方看到过水？水是取之不尽，用之不竭的吗？

（2）分组观察地球仪，有哪些地方有水。通过观察地球仪，初步了解地球水资源的现状，分清淡水、咸水，明白淡水资源的珍贵，初步形成节约用水意识，爱护、珍惜水资源。

（3）通过联想，懂得淡水对人类及其他有生命体的重要意义。

①哪里有水？（河、湖、井）

②水有哪些用处？（饮用、灌溉、养殖）

（4）讨论：我们日常生活中的哪些活动需要用水？

（洗碗、洗菜、洗米、洗衣、洗澡、煮饭、浇花、烧菜）

活动二：停水体验

（1）体会和讨论停水后的诸多不便。

（2）萌发自觉节水的意识。

阳江市政府机关幼儿园庆"六一"环保系列活动方案

一、活动目的

通过活动，对幼儿进行环境卫生教育，培养幼儿良好的卫生习惯。同时，让幼儿认识到环境保护的重要性，萌发参与环境保护的愿望。

二、活动时间和地点

（1）时间：5月31日。

（2）地点：幼儿园音乐室。

三、活动准备

（1）各班对幼儿进行环境卫生知识教育，让幼儿掌握相关的环境卫生知识。

（2）大班每班挑选6名幼儿制作环保时装，准备参加时装表演。

（3）幼儿园大厅张贴一版环境卫生宣传知识。

（4）宣传横幅。

（5）准备奖品：水彩笔、铅笔盒、铅笔。

四、活动流程

（一）大班活动

（1）环保时装表演活动拉开序幕。

（2）垃圾分类。

（3）必答环节（集体项目）：以班为单位，每班选派5名小朋友组成参赛队（全年级共4个参赛队），轮流回答教师提出的问题，每答对一题加10分，答错不扣分，最后累积分数最高的队获胜。第一名奖励水彩笔5盒加铅笔5扎，第二名奖励水彩笔5盒，第三名奖励铅笔盒5个加铅笔5扎，第四名奖励铅笔盒5个。

（4）抢答环节（个人项目）：教师提问后，由举手最快的小朋友抢答，答对的奖励铅笔2支。

（二）中、小班活动

教师在班内组织幼儿进行环境卫生知识抢答。

附件：

环保知识问答

必答题

A卷：

1. 小朋友应该养成哪些卫生习惯？

（1）早晚洗脸、刷牙

（2）饭前便后洗手

（3）勤洗头

（4）勤洗手

（5）勤剪指甲

（6）不喝生水

（7）不躺着看书

2. 世界环境日是每年的几月几日？（6月5日）

3. 果皮、剩饭、花草树叶属于可回收垃圾吗？（不属于）

4. 选用什么样的洗衣粉能减少水污染？（无磷洗衣粉）

5. 你喜欢吃口香糖吗？吃完后乱吐行吗？（不能，因为它会到处乱黏；吃的时候可以把它的包装纸先收起来，吃完后吐出用包装纸包好放进垃圾桶）

6. 当坐在汽车里时，把垃圾从车窗扔出对吗？（错）

B卷：

1. "四勤"是什么？

（1）勤洗手

（2）勤洗澡

（3）勤剪指甲

（4）勤打扫卫生

2. 哪一种鸟被称为"森林医生"？（啄木鸟）

3. 如果缺少什么，地球的生物（包括人类）将会灭绝？（空气和水）

4. 我们应该如何保护森林？

（不乱砍伐树木，不使用一次性筷子，节约用纸）

5. 出去购物用塑料袋装东西好吗？为什么？（不好。因为塑料袋不可回收、不可分解，会对环境造成污染。最好自带购物袋）

6. 当家附近没有垃圾桶时，就把家里的垃圾丢到路边，对吗？（错）

C卷：

1. "两不"是什么？

（1）不用公用洁具（毛巾、杯子）

（2）不乱扔垃圾

2. 什么水是人类最佳的饮料？（白开水）

3. 多少支香烟的毒素可以杀死一头牛？（20支）

4. 日常生活中怎样节约用水？

（随时关紧水龙头，一水多用，保护水资源等）

5. "吃木耳和黄花菜越新鲜越好"，这种说法对吗？（错，木耳和黄花菜要晒干后做菜吃才不会中毒）

6. 出门就餐自带餐具，杜绝使用一次性餐具，这样做对吗？（对）

D卷：

1. 我们应该如何保护水？

（不乱扔垃圾，做好污水处理，节约用水）

2. 每年的植树节是几月几日？（3月12日）

3. 你知道坐一层电梯等于亮多少个小时灯泡吗？（25个小时）

4. 家庭污水从哪里来？（厨房、厕所、洗澡等）

5. 什么是白色污染？怎样消除白色污染？

（白色污染即塑料废弃物给环境带来的污染，如塑料袋、一次性饭盒、农用地膜等；每个公民应从"提起布袋子，限用塑料袋"等方面消除白色污染）

6. 去逛公园时，把零食包装袋、用过的纸巾丢到公园的树底下或草丛中，是对还是错？（错）

抢答题：

1. 为保护蓝天，我们在出门时，应该（B）。

　　A. 使用私人车

　　B. 尽量选择乘坐公共交通工具

2. 绿色食品指什么食品？（B）

　　A. 绿颜色食品　　　　　　　B. 安全无污染食品

3. 下面哪种动物有"庄稼卫士"之称？（A）

　　A. 青蛙　　　　　　　　　　B. 蝴蝶

4. 有"捕鼠能手"之称的是哪种鸟？（B）

　　A. 鸵鸟　　　　　　　　　　B. 猫头鹰

5. 为了节约能源、保护环境，我们应该（A）。

　　A. 随手关灯、人走灯灭

　　B. 夏季为了凉爽要多开空调

6. 下列回收废品中，如果没有回收，那么对环境造成危害最大的是（B）。

　　A. 废纸　　　　　　　　　　B. 电池

7. 选无磷洗衣粉可以（B）。

　　A. 保护衣物　　　　　　　　B. 防止污染

8. 维护环境清洁的好行为有（B）。

　　A. 乱扔垃圾　　　　　　　　B. 分类回收垃圾

9. 人类赖以生存的三大要素除了阳光、空气外还有（A）。

　　A. 水　　　　　　　　　　　B. 土壤

10. 绿色购物，我们应该选择购买（A）。

　　A. 大包装的商品　　　　　　B. 小包装的商品

　　C. 一次性用品　　　　　　　D. 附带广告宣传材料的商品

11. 市环卫工人主要负责收集、运输和处理什么垃圾？（生活垃圾）

12. 人的一生大约要喝多少吨水？（80吨）

13. 平均多长时间就有一个人因吸烟而死亡？（10秒钟）

14. 铁锅、铝锅、不锈钢锅，用哪种锅炒菜对健康最有益？（铁锅）

15. 青蛙是捕虫能手，一只青蛙每天能吃多少条害虫（70条）？

16. 由于汽车尾气排放都在1.5米以下，因此儿童吸入的汽车尾气为成人的几倍？（2倍）

环保儿歌

1. 小小口香糖，健齿保健康。

谁都喜欢我，吃了别扔我。

小纸包包好，环境保护好。

你，我，大家这样做，

美好的环境等着我。

2. 变废为宝，叮叮叮，环保行动开始啦！

纸盒、瓶罐、包装纸，纷纷登场显其功。

漂亮的"外衣"我来做，

强壮的"身体"我来当。

开发我们的小小手，

变废为宝乐趣多！

3. 花儿美，草儿俏，你我看了齐欢笑。

不摘花，不踏草，环境才能更美好。

树儿密，叶儿茂，树下游戏真热闹。

不砍树，不采叶，空气清新心情好。

蝶儿飞，鸟儿叫，舞姿翩翩多逍遥。

不捕蝶，不捉鸟，欢乐舞蹈一起跳。

废纸屑，瓜果皮，随手乱丢可不要。

垃圾桶，对你笑，赶快让他吃个饱。

清清水，欢乐流，随手关掉水龙头。

校园越来越美好，你欢笑来我欢跳。

环保小知识

一、生活垃圾的分类处理

生活垃圾一般可分为四大类：可回收垃圾、厨余垃圾、有害垃圾和其他垃圾。目前，常用的垃圾处理方法主要有综合利用、卫生填埋、焚烧和堆肥。

可回收垃圾包括纸类、金属、塑料、玻璃等，通过综合处理、回收利用，可以减少污染，节省资源。如每回收1吨废纸可造好纸850千克，节省木材300千克，比等量生产减少污染74%；每回收1吨塑料饮料瓶可获得0.7吨二级原料；每回收1吨废钢铁可炼好钢0.9吨，比用矿石冶炼节约成本47%，减少空气污染75%，减少水污染和固体废物97%。

厨余垃圾包括剩菜剩饭、骨头、菜根菜叶等食品类废物，经生物技术就地处理堆肥，每吨可生产0.3吨有机肥料。

有害垃圾包括废电池、废日光灯管、废水银温度计、过期药品等，这些垃圾需要特殊安全处理。

其他垃圾包括除上述几类垃圾之外的砖瓦陶瓷、渣土、卫生间废纸等难以回收的废弃物，采取卫生填埋可有效减少对地下水、地表水、土壤及空气的污染。

二、可回收垃圾和不可回收垃圾

可回收垃圾包括塑料、玻璃、金属、纸张，可进一步细分为：牛奶包装盒、饮料包装盒，塑料桶、塑料杯、金属易拉罐、油漆桶、玻璃瓶、玻璃罐、铝包装袋、铝制烤盘、报纸、信封、包装纸、纸箱、软皮书、黄页电话号簿等。

不可回收垃圾有：快餐食品包装盒、塑料托盘、塑料管、塑料玩具、塑料碗、塑料袋、汽油桶、电灯泡、镜子、玻璃窗、瓶盖、硬皮书、一次性纸杯、纸盘、手巾纸、蜡装封纸等。

三、不可再生能源

人类开发利用后，在现阶段不可能再生的能源资源，称为"不可再生能源"。如煤和石油（也称为"化石燃料"）都是古生物的遗体被掩压在地下深层中，经过漫长的地质年代而形成的，一旦被燃烧耗尽后，就不可能在数百年乃至数万年内再生，因而属于"不可再生能源"。

四、可再生能源

可再生能源泛指从自然界获取的，可以再生的非化石能源，目前主要是指风能、太阳能、水能、生物质能、地热能和海洋能等自然能源。我国可再生能源资源非常丰富，开发利用的潜力很大。大力发展可再生能源的开发利用，可以有效地延缓不可再生能源（如煤、石油、天然气等化石燃料）的消耗速度和匮乏趋势，是目前能源利用的方向。

五、健康卫士——草坪

当你漫步在绿树丛中，呼吸沁人肺腑的清新空气，享受心旷神怡的幽雅环境时，切莫忘记脚下的绿色地毯——草坪，它也是人们健康的忠实卫士。因为草坪是天然的制氧厂，1公顷草坪每天可产生600千克氧，吸收900千克二氧化碳。每人只要有25平方米草坪，就够呼吸之需。

吸尘器。绿草能大量吸收尘埃，净化空气。一条绿化好的街道，可使尘埃减少60%；天气晴朗干燥时，裸地上空的尘埃比草坪上空的多13倍。

灭菌器。绿色植物能分泌植物杀菌素，杀灭环境中的细菌、病毒。据测定，草坪上空每立方米含菌量仅688个，而百货商店高达400万个。

吸毒器。草叶上有很多气孔，既能吸收二氧化碳，也能吸收对人体有害的毒气、毒物，如臭氧、氨气、氯气、氯化氢、氟化氢，以及含有碳、铅、汞的粉尘等。

调温器。夏季草坪可吸收太阳辐射能，使气温降低，草坪上空气温比建筑物周围低10～15℃，比柏油马路上空低15～20℃；冬季草坪可释放热量，使温度提高1～2℃。由于叶面蒸腾，草坪上空相对湿度可增加10%～20%。

消声器。密集的绿草可吸收声波能量，有草坪绿化的街道，噪声可降低8～10分贝。

蓄水器。草根能蓄水、护土，有保持水土、改善环境小气候的作用。在雨水的冲刷下，裸地的表土层很容易流失，而草坪则可以较好地保护土层，减少水土流失。

"保护母亲河"走进阳江市政府机关幼儿园活动方案

一、活动目标

（1）让孩子知道我们的母亲河——漠阳江，提高孩子对保护水资源重要性的认识，进一步树立孩子"节约水光荣，浪费水可耻"的信念。

（2）使孩子懂得一些保护水资源、节约用水的常识。

（3）引导孩子从身边做起，从小事做起，养成节约用水的好习惯。

二、活动对象

大班小朋友。

三、活动地点

机关幼儿园操场。

四、活动准备

小礼品（学习用具、糖果若干），环保知识小册。

五、活动安排

（1）园内展示"我爱阳江，我爱漠阳江"宣传活动展板（1月28日至

1月30日）

（2）开展活动阶段：

① 班级教师根据幼儿情况给他们传授一些关于母亲河——漠阳江的认识和保护水资源的常识。

② 组织大班小朋友以作画的形式勾画出对母亲河的关爱与对环境保护的想法。（注：作品暂时不涂颜色）

③ 组织大班小朋友开展"保护母亲河"活动。

时间：1月30日星期五下午3点30分。

环节：环保知识小问答—现场绘画涂色环节—发放环保知识小册—结束活动（喊出口号"我爱阳江，我爱漠阳江，我们在行动"）。

附件：

机关幼儿园环保知识小问答

1. 日常生活中怎样节约用水？

答：随时关紧水龙头，一水多用。

2. 选什么样的洗衣粉能减少对水的污染？

答：无磷洗衣粉。

3. 我国植树节是哪一天？

答：3月12日。

4. 我们阳江市母亲河的名字叫什么？

答：漠阳江。

5. 为避免水龙头常开现象，提倡使用什么用具来洗脸、洗手呢？

答：脸盆。

6. 人一天大约要喝多少水？

答：2500毫升。

7. 怎样正确使用水龙头？

答：顺手关水龙头。洗手擦肥皂时，要关上水龙头；不要开着水龙头用长流水洗碗或洗衣服；看见漏水的水龙头一定要赶快拧紧它。

8. 淘米或洗菜的水可以用来做什么呢？

答：浇花。

9. 家庭污水是从哪里来的呢？

答：厨房、厕所、浴室等。

10. 造成我国江河湖泊水质恶化和污染的主要原因是什么？

答：工业废水和生活污水。

11. 如果漱口时一直让水流不停，那么每刷一次牙会浪费多少水呢？

答：3升以上的水。

12. 如果缺少什么地球上所有生物将会全部灭绝，人类也不例外？

答：空气和水。

13. 世界环保日是每年的哪一天？

答：6月5日。

14. 洗脸和洗衣后的水可以留下来干什么？

答：擦地板、冲厕所。

15. 无污染能源主要有太阳能、风能、海洋能、地热能，还有一种是什么呢？

答：水能。

16. 我国爱鸟周是每年几月的最后一个星期？

答：4月。

17. 环境保护法律法规中指的"三废"是哪三废？

答：废气、废水、废渣。

18. 每年的3月22日是什么纪念日？

答：世界水日。

19. 世界的缺水现象已经影响到多少个国家？

答：80个国家。

20. 汞、镉、铬、铅、砷是一类污染物，对人体危害很大，被称为什么？

答："五毒"。

21. 在下列回收废品中，如果没有回收，那么对环境造成危害最大的是（C）。

A. 废纸 　　　　　　B. 废玻璃 　　　　　　C. 废电池

22. 我们中国的母亲河是哪条河？

答：黄河。

23. 吸烟对我们人体和环境是有害还是无害？

答：有害。

24. 平均多长时间就有一个人因吸烟而死亡？

答：10秒钟。

25. 我们保护漠阳江母亲河的口号是什么？

答："我爱阳江，我爱漠阳江，我们在行动"。

第四章

美育理论研究

4

"妙用传统文化构建我园特色校园文化的
实践研究"结题报告

一、问题提出

(一)背景

本书的研究基于以下几个方面的理由。

(1)随着生活水平的提高、科技的发达,孩子们喜欢上了网络游戏,对西方的节日表现出极大的热爱,我们的民族文化、优秀传统文化受到威胁。因此,在幼儿教育中保护、继承和发扬优秀传统文化,是幼儿教育的一大重要课题。

(2)国家多次提出要弘扬中华优秀传统文化和"以德为先"的政治策略,让我们思考如何让蕴藏着丰富价值观念的中华优秀传统文化在人类新一轮道德价值规范重构中找到自己的位置。

(3)20世纪80年代中期,校园文化建设热潮逐步兴起,各类学校开展了轰轰烈烈的校园文化活动和校园文化建设。相对于校园文化建设而言,幼儿园文化建设相对滞后,起步晚、成效微,存在文化建设生命力不强、结构失衡等问题。

(4)中国文化的魅力在于创造,我们希望通过优秀传统文化的德育功能促进幼儿园文化建设,使物质文化景观不断改善,人文气息渐趋浓郁,艺术文化活动多方位展开,并进行多元融合和创新。

（二）现状

1. 国外现状

国外很多国家都非常重视学校在优秀传统文化传承创新中的作用，为促进优秀传统文化与校园文化的有效结合做出了不懈努力。1996年，俄罗斯《俄联邦教育法》明确将"加强青少年民族文化传统的教育"作为六大改革动向之一。

英国不但在学校课程体系中重视开发适应本国国情的优秀传统文化教育内容，而且擅长利用丰富的文化遗产资源，以多种形式开展优秀传统文化教育。有些学校还与社会文化组织合作，将包括艺术家、电影制作人、历史学家、作家等在内的文化人士请进学校配合课堂教师共同进行优秀传统文化教育，与学生分享他们的知识。总之，国外在优秀传统文化与学校教育结合方面的探索研究给我们提供了宝贵的经验借鉴。

2. 国内研究现状

我国对优秀传统文化进校园的理论研究和实践探索由来已久，除了国家和各地发布的宏观政策以外，众多专家、学者也对优秀传统文化进校园的教育内容和教育方式等提出了很多有价值的思想与观点。在优秀传统文化教育实践方面，部分地方中小学也做了很多有益的探索。例如，河南省温县北平皋小学在传统戏曲进校园方面得到了教育部网站的报道。北平皋小学通过建立相关的兴趣社团，培养学生的戏曲爱好，进而让更多的学生了解和自愿接触戏曲艺术。湖北省黄石市龚家巷小学，十余年来在国学经典、书法、京剧等方面对我国优秀传统文化进行了全方位的实践。湖北省长阳土家族自治县基于对当地民族文化的挖掘，将当地的传统手工艺、民间故事等融入中小学的语文、体育等教学中，寓教于乐，促进了当地学生对本民族文化的认同和理解。

尽管许多学校在传承优秀传统文化方面已经取得了丰硕的成果，但在诸多方面仍存在许多亟待解决的问题。例如，很多中小学无法形成长效机制；信息化时代，外来文化逐渐占据主流，导致学生对传统文化失去热情；当地中小学文化教育内容缺乏系统性、整体性，课程和教材体系不健全；优秀传统文化专业教师缺乏，全社会共同参与的教育合力和氛围尚未形成等，都需要进一步深入探究。

3. 学校研究现状

我园通过研究在优秀传统文化的内容挑选方面关注幼儿的兴趣爱好、已有经验、发展需要和现有发展水平，选择遵循幼儿身心发展规律，促进幼儿习惯养成，培养幼儿自主发展性的教育内容："陶艺教育""中国象棋""经典故事""阳江风筝""特色美育"。结合活动的开展寻求实施的途径，给幼儿提供一个展示自我的平台，让他们切切实实亲身体验中华民族文化的魅力所在，让中华优秀传统文化厚实他们的素养，使他们形成积极的情感及优秀品格，通过美育活动发挥师生的创新能力，最终构建我园多元的美育特色校园文化。研究至今，还存在教学内容的系统性和整体性不足等问题，全社会参与和多元化支撑的良好态势还有待加强。

（三）理论依据

1. 程颐和程颢提出的"天理之性"与"气质之性"理论

程颐认为，唯理可进，除是积学既久，能变得气质，则愚必明，柔必强；程颢也认为，人的气质之性犹如污泥、浊水一样，必待教育之功方能使清，"用力敏勇则疾清，用力缓怠则迟清"。二程反对"生而知之"的人就可以不学的观点，指出"人初生，只有吃乳一事不是学，其他皆是学，人只为智多害之也"。同时，二程不承认有不可改变的"上智与下愚"，"孔子谓上智与下愚不移，然亦有可移之理，惟自暴自弃者则不移也"，指出天赋禀性是可以改变的，关键在于后天是否肯学和受教育。

二程的教育以德育为重，强调自我修养，主张通过优秀传统文化的学习来养成高尚的人格。另外，二程十分重视启蒙教育，认为道德教育要从小抓起，于萌芽处用力，把不良习惯和品质问题消灭在形成之前。

2. 苏霍姆林斯基的"美育"理论

关于美育，他指出，"美是道德纯洁、精神丰富和体魄健全的有力源泉"，在青少年整个受教育的过程中，必须抓紧美育的实施。他十分注重培养学生美的情感和塑造他们美的心灵，并提出了进行美育的多种多样的途径和手段，如通过观赏大自然感受美，通过文学艺术作品鉴赏美，通过动手劳动创造美等，甚至要求儿童重视衣着美和仪表美。总之，在整个美育过程中，美育应随时随地进行。

他指出，要充分发挥"环境育人"的作用，"让每一面墙壁都会说话"，以此推动校园文化的建设。

二、研究意义

（一）理论意义

1. 优秀传统文化有利于树立正确的世界观、人生观和价值观

中华优秀传统文化是我们先辈传承下来的丰厚的历史遗产，只要我们在开展传统文化教育时正确引导，就可以达到对其进行世界观、人生观和价值观进行教育的目的，从而发挥优秀传统文化的启蒙教育作用。

2. 优秀传统文化有利于培养优良的道德品质

"己所不欲勿施于人""老吾老以及人之老，幼吾幼以及人之幼"等观念和事实都表明了道德在人们心目中的重要地位，尊老爱幼、兄弟和睦、孝敬父母等传统道德观念至今仍然是人们信奉的美德。

3. 多元融合有利于培养创新意识和创新精神

加强优秀传统文化的教育，传承中华民族的灵魂，通过美育的多元融合，不断创新我园特色校园文化，展示师生丰富的创新思维和创新能力。

（二）现实意义

中华优秀传统文化进校园，是深化中国特色社会主义教育和中国梦宣传教育的重要组成部分；是构建中华优秀传统文化传承体系，推动文化传承创新的重要途径；是培育和践行社会主义核心价值观落实，实现

立德树人根本任务的重要基础。

让中华优秀传统文化进校园，努力挖掘中华传统文化的精华，用中华民族特有的传统文化对幼儿进行美的教育，使幼儿的心灵受到滋养和净化，激发幼儿民族自信心、自豪感。

幼儿教育是整个人才教育过程的起步阶段，因此，要培养具有创新思维和创新能力的现代化人才就要从幼儿教育阶段着手，针对幼儿的思维特征和学习特点，积极探索和大胆采用多元的、能充分发挥幼儿创新思维培养效果的教学形式，在教育过程中培养幼儿的创新性思维，为其今后的进一步学习和发展打下坚实的基础，进而为我国的现代化建设输送优秀人才。

三、核心概念的界定

（一）对"妙用"的界定

"妙用"意为神妙的作用。李白《草创大环赠柳官迪》诗："自然成妙用，孰知其指的。"苏轼《答张嘉父》："此书自有妙用，学者罕能理会。"

（二）对"传统文化"的界定

"传统文化"是由"传统"和"文化"两个概念复合而成的，传统不只是指过去存在过的东西，更是指活在现在的过去。所谓"传统"是由"传"和"统"两个字构成的，"传"是指时间上的历时性、延续性，是指那些过去有的，现在仍然在起作用的东西，是一代一代传下来的"活"的东西。"统"有两层含义：一是指空间的拓展，二是指权威性。传统，作为历史延传下来的思想文化、制度规范、风俗习惯、文学艺术乃至思维方式、行为方式的总和，它无处不在，无所不在，时时刻刻在影响着我们的社会，影响着我们的生活。

（三）对"校园文化"的界定

人们通常把校园文化分为广义和狭义两类。广义的校园文化常指学校存在方式的总和，包括学校物质文化、学校制度文化和学校精神文化；狭义的校园文化常指以学校课外文化活动为主要内容的文化氛围和精神。校园文化的内涵是在校园内部长期的教育、学习和生活中，将各种力量统一于共同方向，形成的一种价值观念、精神支柱、学校传统、行为准则、道德规范和生活观念的总和，其内核是学校师生员工共同的价值观念。校园文化是学校教育的重要组成部分，是全面育人不可或缺的重要环节，是展现校长教育理念、学校特色的重要平台，是规范办学的重要体现，也是德育体系中亟待加强的重要方面。

四、研究目标

（一）总体目标

《幼儿园教育指导纲要》指出，幼儿园教育是"基础教育的重要组成部分，是我国学校教育和终身教育的奠基阶段"。当今我国基础教育中，优秀传统文化教育作为一项重要的学习任务正在被纳入正常的教学目标中。学前教育作为基础教育的重要组成部分，虽然在这方面没有明确的要求，但从《幼儿园教育指导纲要》的表述中，我们仍然可以深切地感受到幼儿学习优秀传统文化的必要性——引导幼儿实际感受祖国文化的丰富与优秀，激发幼儿热爱祖国的情感。因此，开展优秀传统文化教育，对培养幼儿优良品格尤其重要。

（二）具体目标

1. 激发幼儿对中华优秀传统文化的兴趣，萌发幼儿民族自豪感

尊重幼儿的学习特点，在玩中学习优秀传统文化。中华优秀传统文化中的许多经典，如童谣、故事、古诗、民间风俗、民间游戏，通俗易懂、趣味性强，很受幼儿喜欢，能激发他们的学习兴趣和欲望。幼儿主要的活动是游戏，以玩的方式进行游戏，从尝试实际操作发展到表现事物的意义。在组织游戏时，要有意识地把民间游戏渗透到幼儿的游戏中。

尊重幼儿的学习规律，在生活中学习优秀传统文化经典和本土文化。幼儿的学习没有固定的时间和地点，一日活动的每个环节都是学习的途径和内容，生活即学习。把优秀传统文化和本土文化的教育融入一日活动的各环节中，如中华经典诵读、象棋教学、环境创设等，让幼儿获得各种知识和技能，充分发挥主观能动性，使他们成为学习的主人、生活的主人。

幼儿在师生互动中感知和了解优秀传统文化和本土文化，激起他们的民族自豪感，最终让我们的孩子珍惜自己的民族文化，传承中华美德。

2. 提高教师自身素养和课堂教学水平，促进教师专业化发展

通过课题研究，小组成员树立了"幼儿为主，教师为辅，以人为本"的教学理念，以多种形式把优秀传统文化融入园本文化中去，如课堂情境创设、校园环境创设、探究性活动组织、教学评价等方面，大大提高了教师的自身素养和教学水平，为构建特色校园提供了丰富经验。

五、研究内容

（一）中华优秀传统文化和阳江本土文化园本课程的构建与实施

（1）陶艺教育。沿着10多年前就开设的陶艺课的实践路程，加大力度去开展陶艺教育的研究。

（2）中国象棋。我园充分发挥师资优势，构建象棋教学的园本课程，致力弘扬民族精神和培养幼儿心理素质等。

（3）经典故事。我们抓住了教育的契机，结合读书月活动，创设"亲子经典故事诵读小讲坛"，研究家庭教育的重要性。

（4）阳江风筝。开展非遗进校园活动研究，为幼儿认识、学习传统文化提供良好的平台。

（二）形成幼儿园的美育特色文化，创设幼儿园人和自然和谐合一的环境

（1）根据《幼儿园教育指导纲要》和《3—6岁儿童与发展指南》对艺术领域的目标要求，确定我园的美术教育目标。

（2）通过集体教学支撑美术课程建设和拓展区域活动，并在主题的引领下开展美术教育，彰显独特的园本特色。

（3）通过举办每年一届以"播"为主题的创意美术展，融合传统文化、音乐、行为艺术等多元开放的艺术模式，"让每一面墙都会说话"，打造人和自然和谐合一的美育特色环境。

六、研究方法

（一）行动调研法

通过探究式课堂的教学实践、级组观摩及公开课评课等，不断提高教师开展教学的能力和课堂教学效果。对课题研究过程进行记录、描写，形成课堂观摩记录和教学反思等。

（二）经验总结法

对教学效果进行分析、总结，撰写报告。通过教学论文和教学理论，提升教师的教学理念，同时，运用对比、归纳等方法进行研究。

（三）文献资料法

搜集和查阅有关文献资料，为课题研究提供科学的论证和研究方法，对体现优秀传统文化和园本教学理念的内容进行挖掘、分析和归类。

七、研究过程

（一）准备阶段：第一周期（2017年9月至2018年4月）

1. 成立课题研究小组，启动课题申报（2017年9月至2017年10月）

（1）课题组负责人选取积极进取的教师组成课题研究小组。

（2）全体小组成员学习有关课题研究的相关文献及内容，收集优秀传统文化的素材，深入研究如何将优秀传统文化与我园园本文化构建特色化教育相结合。

（3）广泛收集师生意见，分析我园园本文化教学的实际情况，做好调查摸底工作。

2. 撰写课题立项申请书及实施方案，完成申报工作（2017年11月至2018年1月）

（1）召开会议，明确组员分工、研究方向及小组成员间研讨、交流机制，如时间、地点、组建微信群。

（2）填写课题立项申请表。

（3）出台立项申请书及实施方案，开展好专家引领等活动探索，进行教师与幼儿的优秀传统文化知识培训。

3. 课题立项，召开课题开题会议，组织开题（2018年2月至2018年4月）

（1）收到立项通知，召开会议，讨论、制定开题研究方向。

（2）撰写开题报告，进一步明确本书课题的研究目标和内容，商量出切实可行的研究步骤。

（二）实施阶段：第二周期（2018年5月至2019年5月）

（1）制定各年龄段特色教育的内容、方式并组织实施，初步进行优秀传统文化与我园特色校园文化活动及教学的整合。

（2）强化优秀传统文化和我园特色校园文化内容的学习，并灵活运用和深化、提升，将常态课和公开课相结合，进行教学效果研究。

（3）组织教师外出参观学习，提升境界和层次，积累宝贵教学经验。

（4）回顾研究过程，制订课题实施方案，撰写研究心得、阶段成果、科研反思等。

（三）结题阶段：第三周期（2019年6月至2019年8月）

1. 自我验收总结

课题组成员团结合作，不怕吃苦，互帮互研，勇于创新，通过网络、小组会议、微信视频会议等，互相探讨交流，及时调整研究思路和方案。课题主持人抓住省市骨干教师校长培训班的学习契机，把每次外出跟岗、听课和培训学习到的最新理念与经验做法，及时和组员交流、研讨，指导课题组成员开展研究工作，共同提高。

课题组成员工作认真细致，注重每个阶段的总结与反思，因此在撰写心得、论文和反思方面，有着丰富的经验，每年均有论文、反思、征文和课例等在省市级发表或获奖。课题组重视课题过程资料的积累工作，包括实施计划、活动记录、主题活动方案、阶段性情况汇报、研讨课教案、专题总结等内容，课题资料比较完整。

2. 模式推广

（1）园内推广。优化传统文化和本土文化内容，凝练文化内涵，形成幼儿园美育特色校园文化，并将成果转化及推广。我们每个课程的构建和活动开展，都先根据我们课题提出的研究模式，进行探讨、准备和实施，最后不断修改，不断完善。在课题研究中，有幸得到阳江市特级教师陆春生老师对课题研究的指导、阳江市美术名师陆达铁老师和南粤优秀美术教师王国强老师对美术课堂教学的指导、阳江青少年宫省赛冠军洪家旋老师对中国象棋课堂教学和园本课程开发的指导，以及广州市民间文艺家协会副主席郑舒文先生对我园教师进行专业培训等，从而使陶艺、象棋、风筝和美术教学等取得了很好的效果。每个学期，我们课题组都按教研计划在全园开展公开课，其中，课题组成员执教的课例均获市优秀课例，同时，我们把课题研究的课堂教学模式进行校内推广，指导杨月珠、关乔月、许启旋、叶宝珍、曾宇玲等青年教师进行课堂教学，并面向全市进行示范教学，深得听课教师及领导的一致好评，他们执教的课例均获市优秀课例。

（2）园外推广。课题的研究内容和研究成果，除了在本园进行推广外，还向其他市县区进行推广和展示。2017年11月课题主持人罗红莲在阳西县园长任职资格培训班中进行了"幼儿园文化建设与品牌策略"的讲座推广，受到一致好评；2019年6月24日冯爱兰到阳江市第一职业技术学校附属幼儿园进行课题推广，起到指导和交流作用；2019年6月25日，王庆佩的"传统文化进校园"经验介绍在阳春市举办的广东省张彩凤名园长工作室（以"幼教杏坛群芳荟，园际交流促发展"为主题）园际交流研讨活动中，起到示范引领和推广作用。

　　课题研究的课堂教学理念和教学模式除了在本园推广外，还向全市公开示范和推广。许妹琼老师、关乔月老师分别执教的美术课例《瓶子的化装舞会》《赛龙舟》参加了2018年美术书法教育专业委员会年会教学交流观摩，被评为"优秀课例"；杨月珠老师执教的幼儿陶艺课例《瓶子大变身》参加了2019年阳江市教育学会少儿美术教学交流观摩活动，被评为"优质课例"；2018年5月课题组成员陈景宜老师在阳江市骨干教师培养对象第二期专家进校指导培训中，课例《风中的树》取得了很好的教学成果，得到专家和学员的一致好评，她在参加2018年10月的送课下乡（江城区白沙中心）活动中，对市一幼曾昭华老师的课例进行了精彩点评，起到一定的教学指导作用。

3. 接受总课题验收

　　通过脚踏实地的课题研究，课题组对"妙用传统文化构建我园特色校园文化的实践研究"课题进行了全面、科学的总结，形成了课题的研究成果，接受专家验收结题，组织成果展示活动。成果展示活动有教师、幼儿的陶艺作品展示，研究成果资料展示，成果交流等。

八、研究成果

（一）园本特色课程文化

　　选择孩子乐学的内容为切入点，通过游戏的方式将文化渗透到课程之中，落实立德树人的根本任务，彰显陶乐文化，传承棋趣文化，打造书香文化，弘扬真爱文化。

1. "陶"乐融融——陶艺教育

　　这一特殊艺术表现形式体现出来的形象美、造型美，给幼儿以民族文化的熏陶和审美能力的培养，浸润校园文化。

2. "棋"趣无穷——中国象棋

　　中国象棋作为园本课程的一部分，深深扎根于我园的校园文化之中。我园已出版了一套象棋教学的园本课程，通过教学，致力弘扬民族精神和培养幼儿心理素质等。

3. 经典流传——亲子故事

我们抓住教育的契机，结合本园读书月活动，创设"亲子经典故事诵读小讲坛"，让家庭教育传承优秀传统文化中最优秀的元素，让那些浓缩了中华五千年的思想精髓熏陶孩子的言行，使他们懂得做人的道理。正如孔子所说的"少成若成天性，习惯如自然"，让孩子真正做到"好习惯，早养成，若养成，益终身"。

4. "筝"的爱你——阳江风筝

在政策支持下，我园积极响应和推广阳江风筝传统文化，成为2018年首批"广东省非物质文化遗产阳江风筝制作技艺传习所"的幼儿园，开始了我园本土文化园本课程的探索与实施，希望通过非遗进校园为幼儿认识、学习优秀传统文化提供良好的平台，切实加深幼儿对本土文化的尊重和热爱，让师生感受非遗文化的魅力，为传承优秀的民族文化奠定基础。同时，把中华优秀传统文化科学地整合到校园文化建设中，使幼儿身心受到优秀传统文化的滋养，童蒙养正。

（二）多元创新美育文化

蔡元培说过，教育家最重要的责任就是创造文化，而中国文化的魅力就在于创造。在研究中，我们致力突破传统的幼儿美术教学模式，从立足幼儿和关注发展的角度，聚焦幼儿在整个美术教学过程中的主体地位，继承传统文化中精华的东西，对其加以改造，并进行艺术的多元融合，开展幼儿美术课程的建设与美术教学改革的实践，形成了多元创新的美育文化。

"播撒一颗艺术的种子"，我园开展每年一届以"播"为主题的创意美术展，融合传统文化、音乐、行为艺术等多元开放的艺术模式，丰富幼儿的情感，培养幼儿初步感受美、表现美、创造美的情趣和能力。摸索幼儿美术活动中"感受—体验—再现"的过程，通过集体教学支撑美术课程建设和拓展区域活动，并在主题的引领下开展美术教育，促使幼儿从被动学习转变为主动学习，由接受性学习转变为探索性学习，激发了幼儿的兴趣。让幼儿通过参与幼儿园的环境设计，成为环境的主人，使他们有更具创造性的表现，同时，"让每一面墙都会说话"，彰显了独特的园本特色，打造了人和自然和谐合一的校园环境。

（三）教师成长

该课题的研究促进了我园教师创新能力的群体优化和课题组教师个人的专业化发展。教师成长情况见表4-1。

表4-1 教师成长情况

获奖时间	姓名	所获奖项
2017年12月	罗红莲	被聘任为广东省教育评估协会学前教育评估专家
2018年1月	罗红莲	被评为广东省聂莲园长工作室"优秀学员"
2018年5月	罗红莲	执教课例《趣味水墨》被评为"优秀课例"
2018年5月	罗红莲	被聘任为岭南师范学院创建国家教师教育创新实验区学术委员会委员
2018年9月	罗红莲	"阳江市幼儿园园长德育能力大赛"综合奖一等奖
2018年9月	陈景宜	被评为"广东省南粤优秀教师"
2018年12月	罗红莲	"广东省幼儿园园长德育能力大赛"综合奖三等奖
2018年12月	黄凯芹	阳江市第六届中小学艺术展演活动中获"优秀指导教师奖"
2019年1月	王庆佩	《用爱心扶起人性的丰碑》荣获阳江市师德主题征文（幼儿组）二等奖
2019年2月	罗红莲	被评为"先进工作者"
2019年4月	王庆佩	获"五一巾帼奖"
2019年5月	罗红莲	阳江市"小手拉大手"绘画大赛中荣获"优秀指导教师奖"
2019年5月	陈景宜	阳江市庆"六一"迎"端午"绘画比赛中荣获"优秀指导教师奖"
2019年5月	黄凯芹	阳江市庆"六一"迎"端午"绘画比赛中荣获"优秀指导教师奖"
2019年6月	罗红莲	阳江市庆"六一"迎"端午"绘画比赛中荣获"优秀指导教师奖"

（四）成果目录

重要性结题成果材料见表4–2、表4–3。

表4–2　重要性结题成果材料：论文、案例课例

序号	类别	姓名	题目	时间	公开范围	获奖情况	其他情况
1	论文	黄凯芹	《以传统文化孕育校园文化》	2018年7月	全园	二等奖	
2	论文	杨月珠	《传统文化之礼仪与幼儿园教育研究》	2018年7月	全园	优秀奖	
3	论文	许妹琼	《初探陶艺教育浸润校园传统文化建设》	2018年7月	全园	优秀奖	
4	论文	王庆佩	《谈促进幼儿德育发展的策略》	2018年7月	全园	优秀奖	
5	论文	冯爱兰	《立足园本，开拓创新——构建幼儿园有机课程》	2018年7月	全园	一等奖	
6	论文	王庆佩	《以中国象棋为特色教育提高幼儿综合素质》	2019年2月	全园	一等奖	
7	论文	陈景宜	《幼儿园开展经典诵读活动的策略研究》	2019年2月	全园	优秀奖	
8	论文	许妹琼	《陶艺活动熏陶幼儿良好品格养成》	2019年2月	全园	优秀奖	
9	论文	杨月珠	《陶艺主题活动熏陶孩子成长》	2019年2月	全园	二等奖	
10	论文	关乔月	《幼儿在陶艺教育活动中发展创造力》	2019年2月	全园	优秀奖	
11	论文	林丽华	《快乐教学的幼儿陶艺教育分析》	2019年2月	全省	一等奖	《课程教育研究》学法教法研究杂志2019年第12期刊用，刊号ISSN2095–3089

续 表

序号	类别	姓名	题目	时间	公开范围	获奖情况	其他情况
12	论文	罗红莲	《妙用传统文化构建我园特色校园文化的实践研究和策略》	2019年5月	全省	一等奖	《新生代》国内统一刊号：CN51-1648/C。国际标准刊号：ISSN1672-9293
13	案例	冯爱兰 陈景宜	《撒播一颗艺术的种子》	2018年12月	全市	一等奖	
14	课例	罗红莲	美术课《趣味水墨》	2018年5月	全市	优秀奖	
15	课例	冯爱兰	美术课《三个乐师》	2018年5月	全市	优秀奖	
16	课例	许妹琼	陶艺课《瓶子的化装舞会》	2018年5月	全市	优秀奖	
17	课例	张　晓	美术课《可爱的你》	2018年5月	全园	优秀奖	
18	课例	许妹琼	陶艺课《好玩的陶泥》	2019年4月	全市	优秀奖	
19	课例	杨月珠	陶艺课《瓶子大变身》	2019年4月	全市	优秀奖	

表4-3　重要性结题成果材料：汇编、教材、宣传册、光碟

序号	类别	题目	时间	公开范围
1	汇编	《结题报告》	2019年7月	全市
2	汇编	《结题材料》	2019年7月	全市
3	教材	《中国象棋幼儿园园本课程》	2018年5月	全园
4	宣传册	2018年第五届美术展成果汇编《稚手童心》	2018年7月	全市
5	宣传册	《特色校园文化册》	2019年4月	全园
6	宣传册	2019年第六届美术展成果汇编《画语·童韵》	2019年7月	全市

序号	类别	题目	时间	公开范围
7	光碟	《2018年"稚手童心"第五届幼儿美术创意作品展记录》	2019年5月	全市
8	光碟	《2019年"画语·童韵"第六届幼儿美术创意作品展记录》		全市
9	光碟	《有关美术展的社会关注》	2018—2019年	全市
10	光碟	《陶艺教学微课》	2018—2019年	全园
11	光碟	《2019年亲子经典故事诵读小讲坛》	2019年5—6月	全园

九、研究反思

通过实践研究这个课题，我们得到了成长，也取得了很多成绩，但仍有许多问题值得反思。课题组成员的构成为经验丰富的老教师结合开拓创新的年轻教师，相得益彰，取长补短，有效地促进课题的研究，并取得了明显的成效。但研究教学内容的系统性和整体性不够完善，缺乏家长的全民参与和社会的关注度，多元化支撑的良好态势还有待加强。

十、研究结论

这两年多的研究探索，证明了"妙用传统文化构建我园特色校园文化的实践研究"切实可行。所谓巧夺天工"一线天"，我们把优秀的、传统的、本土的"陶艺教育""中国象棋""经典故事"和"阳江风筝"文化进行了多元融合，通过每年一届以"播"为主题的美术展以艺术的形式表现出来，构建了我园浓浓的美育特色校园文化，验证了我们的研究是正确的。

参考文献

［1］李松达.我国幼儿园传统文化教育存在的问题及解决措施［J］.
现代交际，2019（1）：174-175.

［2］梁乐敏.幼儿园本土传统文化教育实施途径的研究：以顺德区本
土文化的传承为例［J］.中国校外教育，2018（32）：157-158.

［3］刘开梅.扎根传统文化融入民族真情：幼儿园风筝教育活动探究
［J］.成才之路，2013（14）：31.

［4］杨微，杨林.开展中华传统文化教育的途径研究：传承传统文化
打造魅力幼儿园［J］.当代教研论丛，2018（1）：1.

"构建家园校学习共同体'去小学化'策略研究"结题报告

一、问题提出

（一）背景

幼儿园教育的质量关系到儿童未来的终身幸福与发展，同时，也与国民素质整体提升直接相关。《幼儿园教育指导纲要（试行）》指出："幼儿园应与家庭、社区密切合作，与小学相互衔接，综合利用各种教育资源，共同为幼儿的发展创造良好的条件。"《幼儿园工作规程》也明确指出："幼儿园教育应和小学密切联系，互相配合，注意两个阶段教育的相互衔接。"2018年，教育部办公厅发布《关于开展幼儿园小学化专项治理工作的通知》，严禁幼儿园传授小学课堂内容，包括提前教汉语拼音、识字和算术、英语等破坏小学教育规律的课程。但由于幼儿教育事业发展迅速、幼儿教育工作者素质良莠不齐等，我国幼儿园教育存在不同程度的"小学化"倾向。为了深入、具体地研究幼儿园教育"去小学化"的现状及对策，本书以家园校"三位一体"为突破口，着重探索家园校学习共同体科学衔接"去小学化"的新思路，在分析成因的基础上提出相应的策略。

阳江市各县区幼儿园教育"去小学化"现状不容乐观，原因有三个。一是幼儿园为了迎合家长，违背幼儿发展规律，在大班开设拼音、写字、计算等课程，几乎没有幼小衔接的内容。二是教师队伍良莠不齐，整体素质偏低。虽然近几年培训力度加大，教育部门在观念引领方面也做了大量的工作，但收效甚微。由于教师缺乏系统性的理论学习和实践研究，对幼儿园课程缺乏建构能力，没有具体抓手，只能以填鸭式地教授知识来充数。三是部分小学低年级教师和家长的不作为，他们不重视学生的幼小过渡、习惯培养和作业辅导，而是把学生的作业质量和学习效果优劣归咎于幼儿园阶段的教育。多年来，各级教育部门一直强调幼儿园教育"去小学化"，也一直在治理，但由于缺乏操作性强的具体举措和长效的监管机制，幼小衔接工作依然存在单向衔接和表面化问题，幼儿园教育"小学化"现象还是普遍存在，小学零起点教学没有全面落实。

（二）现状

1. 国外研究现状

（1）美国设立预备学校，儿童5岁进园，公立幼儿园基本上附设小学，同小学1、2年级相衔接；英国儿童从5~7岁进入儿童学校，经过两年预备教育后再进入初级小学；法国的5~6岁儿童被编入幼儿园之外的一种特殊班；澳大利亚为向4~5岁儿童提供入学前的预备性教育设置了专门机构。

（2）德国的文化教育部专门设立了一个衔接研究小组进行实验，让幼儿园和小学两个阶段的教师互访，体验各自不同对象学生各方面的经历，熟悉研究对方的学习环境和教学方法。除此之外，还为即将入学的儿童安排各种活动，如让幼儿熟悉小学环境，接触小学的各种陌生人，组织观看一年级学生上课和作业情况，每天练习自己放学回家，安排一年级小学生回访等，使他们有积极的态度准备上学。

（3）俄罗斯幼儿园将儿童入学前的准备分为一般准备和特殊准备两种。一般准备是指对儿童进行体、智、德、美的全面培养，使他们身心发展的状况能适应小学系统学习的准备要求；特殊准备是指儿童入学前应具备一定的语文、数学的知识和技能。

如上所述，这些国家做法的共同点：一是保持幼儿园本身的特点，注意儿童年龄特征，不把幼儿园与小学等同起来；二是重视早期的知识教育，使儿童在入学前有一定的读、写、算能力，除此还重视儿童的全面发展，以及个性发展；三是重视幼儿园与小学之间的配合协作，双方互相靠拢。它们都围绕着学前教育和小学教育的衔接问题进行各种改革试验，不断优化、不断完善，这些对我国的幼儿园教育"去小学化"有着一定的启示和借鉴意义。

2. 国内研究现状

随着国家对学前教育质量的逐渐重视，幼小衔接的研究进入发展时期。梳理发现国内"去小学化"的研究主要集中在两大方面：一是关于幼小衔接课程，二是策略的研究。

北京、上海的幼儿园从保教内容、方式、环境、教师四个方面进行了整治。避免把小学内容放到幼儿园里去教，通过游戏来安排幼儿园生活，环境要求内外结合、开放多样，对难以适应学前教育的教师开展岗位适应性培训。

浙江省安吉县幼儿园探索破解幼教"去小学化"难题的方法，让儿童自由、自主、自觉地开展游戏，不仅满足幼儿的内在需求，也让儿童在开放的、自主的和丰富的环境中实现自身的发展。该县的幼教模式成果还走出国门，落户美国，在欧美，以及"一带一路"合作伙伴和地区推广传播。

最近几年，广州、深圳一直在做幼儿园"去小学化"的工作探索，对教师及家长不断加强宣传培训引导，制定科学的一日生活指引，让游戏贯穿幼儿学习的全过程。

综上所述，阳江市已基本构建了对"去小学化"重大意义的认识并采取了积极的措施。但幼儿园教育"小学化"是多种因素综合作用的结果。因此，幼儿园教育"去小学化"也必将是一个宏大的系统工程，要克服幼儿教育"小学化",不仅需要观念与实践相结合,还要尝试从"幼小衔接"向"小幼衔接"转变,创新教育合作的模式,只有家园校三方共同体做好"幼小衔接"工作,才能真正实现幼儿园教育的"去小学化"。

(三)理论依据

1. 认知发展理论

皮亚杰认为,儿童的认知发展是一种建构的过程,心理发展的实质是个体与环境不断相互作用、不断获得平衡的过程,是适应环境的过程。皮亚杰认为,人的知识来源于动作,动作是感知的源泉和思维的基础。影响心理发展的主要因素有成熟、自然经验、社会经验、平衡;在解释心理发展的理论时,他还提出了四个重要概念,即图式、同化、顺应、平衡。

2. 建构主义学习理论

建构主义学习理论认为,学习是主体内化、自我积极重构的过程,不是教师向幼儿单纯地传递知识,而是主体根据自我需要,利用外界有效信息,通过自己的知识理论背景,构建个体独特的知识网络框架的过程。

3. 交往教学理论

交往教学理论倡导,师生之间要平等地交往、友好地合作,关注个体差异性,提高幼儿能力,发展幼儿个性,改善师幼的互动关系,促进幼儿主动地学习,提高交往的平等性,达到双主体间的无障碍交流,改变教师的优先优势。

二、研究意义

(一)理论意义

(1)"推动全民终身学习,加快建设学习大国"是社会的必然趋势。构建学习共同体,有助于规范办园行为,促进幼儿教育的规范化、科学化发展。

（2）打破传统的学习方式，"共建、共识、共享"，促使小学、幼儿园的教师形成协同一致的教育理念，推进教育改革，转变家长"小学化"的教育观。

（二）现实意义

（1）构建家园校学习共同体，创新教育合作模式，家园校三方协同做好"幼小衔接"工作，纠正幼儿园"小学化"倾向。

（2）研究成果在阳江市推广，以推动本地区幼儿园"去小学化"。

（3）促进落实小学起始年级必须按国家课程标准坚持零起点教学的要求。

三、核心概念的界定

（一）对"幼儿园小学化"的界定

"幼儿园小学化"是指幼儿园的教育管理、教学方式及内容趋向小学阶段，注重知识的传授，而忽视幼儿在游戏中的主动性、探究性学习。

（二）对"去小学化"的界定

"去小学化"就是能够有效地杜绝"小学化"现象的发生，让幼儿教育回归到适合幼儿身心发展的教育模式上，从而促进幼儿的健康成长。

（三）"家园校"的界定

"家园校"是指家庭、幼儿园、学校，一个由学习者及其助学者共同构成的"三位一体"，彼此之间经常在学习过程中进行沟通、交流，分享各种学习资源，共同完成一定的学习任务，在成员之间形成互相影响、互相促进的人际联系。

四、研究目标

（1）通过对幼儿园、小学调查和分析找出"小学化"教育问题产生的原因，并对此加以剖析整理，探索出切实可行的"去小学化"对策，转变教育理念，创新教学模式和方法。

（2）更新家长教育观念，增进家长对幼儿园的理解和支持，真正发挥家园校共同体共育的作用，让幼儿快乐、健康地学习和发展。

五、研究内容

（一）幼儿园教育"小学化"倾向现状调查研究

调查阳江地区幼儿园教育的现状，并对小学教师、幼儿园教师、幼儿家长等进行访谈，以及辅以对相关文献资料的查阅，深入探究幼儿园教育"小学化"倾向的现状，分析原因，并提出"去小学化"的对策。

（二）开发"去小学化"幼儿教学园本课程

教师、家长改变理念，顺应幼儿天性，以游戏教学为主，从教学模式上"去小学化"，更好地让幼儿在玩中学习、探索和创造。

（三）构建家园校学习共同体，创新"去小学化"教育模式

"三位一体"——学习共同、共建、共享，创新教育合作的模式，进一步加强做好深度沟通与适宜互融。

六、研究方法

（一）问卷调查法

问卷调查法指教师通过有目的的观察，进行记录，为日后的统计积累符合实际的资料。使用对比手段综合观察记录的数据，对数据进行统计和比对（采集本园大班的孩子进入小学后的学习、生活情况进行记录和对比。采样一为和幼儿园组成学习共同体的学校，采样二为非学习共同体参与学校），使研究更具实践性、科学性。

（二）行动研究法

行动研究法指对课题研究过程进行记录、反思，形成培训记录、总结反思等。

（三）经验总结法

经验总结法主要运用于后期的研究阶段，实施研究过程中按照"分析—调整—总结"的研究步骤进行，定期交流、分析、总结经验，并撰写结题报告。

七、研究过程

（一）前期准备阶段（2020年4月至2020年10月）

1. 成立课题研究小组

成立课题研究小组，明确责任分工，讨论开展研究的具体内容及目标。设计初步方案，形成申报材料。

2. 进行问卷调查

分别对小学教师、幼儿家长等进行问卷调查，了解、深入探究幼儿园教育"小学化"倾向的现状，并整理、分析，形成调查报告。

小学教师：本次调查共发放了60份调查问卷，采用电子问卷形式开展，每份问卷设计了10道选择题，收回了60份。通过回收小学教师的答卷数据，得出以下结论。一是建议培养孩子的阅读和识字兴趣，书写不推荐。二是独立自主，要有意识地培养孩子从自己的角度去解决问题，不能光靠找家长、找教师，甚至引发一些不必要的矛盾冲突。三是学习习惯是基础，很多孩子上一年级时，握笔姿势千奇百怪，纠正起来确实不容易；有些孩子肌肉力量也不够，需要大量地练习；有的孩子完全坐不住，这些光靠小学是不够的，幼儿园和家长要多配合、多辅助孩子。四是培养孩子的规则意识，比如，上课认真听讲，下课要收拾好这节课的学习用品，准备好下节课的学习用品，然后赶紧上厕所。五是培养孩子的劳动能力。小学每天都有值日任务，这个值日就要孩子自己进行，教师只能是协助，因此要正确树立劳动教育意识，平时的生活中就要带领孩子参加力所能及的劳动。

幼儿家长：本次调查共发放了150份问卷，采用电子问卷的形式开展,每份问卷设计了10道选择题,收回了140份。通过回收家长的答卷数据,得出以下结论。从问卷调查反馈回来的信息,可以看出家长们在心理准备方面比较重视,大部分家长认为幼儿园和小学课程差异大从而会产生幼小衔接问题。有一部分家长担心孩子在幼儿园期间不学拼音,上小学学习压力会很大,担心孩子跟不上……但大部分家长的想法还是比较客观、冷静的,他们非常重视幼儿良好品质的培养,比如,学习习惯、自理能力、注意力、劳动意识,以及社会适应能力的培养。

3. 拟订本课题的研究方案、开题报告

根据调查分析及实际情况,课题主持人撰写《构建家园校学习共同体"去小学化"策略研究》的研究方案和开题报告。

4. 召开本课题开题论证会

2020年8月,课题组在阳江市实验学校召开了课题开题论证会,经过主持人的开题汇报、课题组成员的论证答辩,专家认真评议并提出了宝贵意见,该课题得以顺利开题。

5. 开题讨论

在接到立项通知后,课题主持人召集全组人员开题讨论,进一步明确课题研究目标和研究内容,制定切实可行的研究步骤,初步明确人员分工和研究方向。

(二)课题实施阶段(2020年10月至2022年8月)

1. 深化理论学习,实现观念知识提升

课题主持人坚持定期召开课题研讨会议,采用个人学习和集体学习相结合的做法,组织课题组人员互相听课、研讨,开展各项专题研究活动。

2. 借鉴他人成功经验,结合本园实际,构建家园学习共同体策略

通过家长群、教育专栏、专题讲座等宣传《3—6岁儿童学习与发展指南》中的幼儿各阶段身心发展的目标和"小学化"教育的危害,倡导家长要遵循幼儿发展规律,不能采取"拔苗助长"的错误做法,避免给幼儿发展带来不利影响。各班级开设"家庭编组"活动,采取家园合作的方式，如开展"家长品格课堂""家园共育栏""家庭外出研学""腾讯会议"等多种形式的活动，调动家长参与活动的积极性，建立和增强家长的教育信心，提高幼儿社会实践能力，有效保证家园合作的质量与效果，消除其他家长对幼儿即将步入小学的"升学"顾虑。

3. 构建家校学习共同体工作方案全面实施

2021年5月，我园与阳东广雅小学联手，带幼儿参观小学，通过"大带小课间十分钟活动""与小学生对话"等，进一步加强幼儿对小学生活的各种感受。为了进一步深入推进有效衔接工作，我园于2022年3月至9月与阳江市实验学校结成幼小衔接教研共同体，建立幼小学段互通、内容融合的联合教研制度，展开线上观摩，使小学教师走进幼儿园，完善共育机制，推动科学有效衔接。

4. 反思总结

课题组成员对研究过程进行反思，总结经验和得失，将感性认识上升为理性分析，撰写研究论文。

5. 提升研究质量，召开课题中期汇报会

为了了解课题研究现状，确保课题研究的实效性，提升课题研究质量，稳步推进后期研究工作，2021年10月，我园召开了课题中期检查汇报会，邀请了李程祯、梁军磊、梁致韶三位专家进行把脉。课题主持人就目前课题研究工作的概况、课题实施情况、拟开展的工作、课题研究中存在的问题和困惑、经费使用情况等方面做了汇报，与会领导和专家对课题的实施情况给予了肯定，并为后期的开展指点了迷津。会后，课题组就专家的意见及时修改了报告。

6. 成果

2021年12月至2022年6月，课题组统筹汇编了《品格教育——家长课堂》《品格成长课程》《助力成长1+1》《展体育特色课程，促进幼儿健康成长》《衔有温，接有度——科学过渡，为儿童搭建幼小衔接阶梯》等系列读本，补充了教材内容，丰富了幼儿课程体验。

（三）总结推广阶段（2022年8月至2023年5月）

1. 整理研究成果，收集研究过程性资料

整理、收集学习记录表、他人成功经验记录表、培训活动记录表、研究反思、活动记录、论文等。

2. 总结经验，推广成果

课题组继续开展研究活动，不断送培送教、示范带学，不断反思教学策略，不断总结经验，各个专题的实践及教学模式已研究成型，在中后段时间课题组多次把优秀讲座及课例带到省市不同地区推广，与同行交流互鉴，反响很好，受到一致好评，见表4-4。

表4-4 课题组优秀讲座课例推广

上课内容	上课教师	上课地点	时间	推广范围
讲座"幼儿园保教结合的有效策略"	罗红莲	湛江吴川	2023年5月	吴川市200名幼儿园园长、骨干教师
讲座"幼儿园美育课程实施"	冯爱兰	阳江市青少年宫	2023年5月	各县市区教育局领导、幼教专干、幼儿园家长代表200人
讲座"构建家园校学习共同体"	罗红莲	贵州都匀	2023年3月	都匀市200名幼儿园园长、骨干教师
讲座"新时代美育背景下的幼儿美术教育"	陈景宜	新疆喀什疏附县中心幼儿园	2023年3月	新疆喀什疏附县220名幼儿园骨干教师
体育课《小小搬运工》	叶宝珍	广东省体育优秀课例视频选送	2022年10	荣获广东省小学（幼儿园）体育优秀课例比赛一等奖
美术课《有趣的星球》	陈景宜	茂名市信宜中心幼儿园	2022年6月	信宜市180名幼儿园教师
语言课《我的祖国》	罗红莲	阳西县第二幼儿园	2021年11月	阳西县86位园长、骨干教师
讲座"依法带娃——解读中华人民共和国家庭教育促进法"	罗红莲	云送教	2021年11月	阳西县200名园长、骨干教师

续 表

上课内容	上课教师	上课地点	时间	推广范围
语言课《聪明的小鸡》	陈景宜	湛江市廉江中心幼儿园	2021年11月	廉江市160名幼儿园骨干教师
体育课《小士兵学本领》	许启旋	广东省体育优秀课例视频选送	2021年3月	荣获广东省第十届中小学（幼儿园）体育与健康教学展示活动二等奖
美术课《学画小水母》	黄凯芹	阳东区东平镇	2020年12月	荣获阳江市美术优秀课例一等奖，全市50名美术骨干教师现场观摩

3. 整理有关课题研究活动

整理有关课题研究活动的文字、图片等资料，撰写结题报告，申请省、市专家鉴定、结题，推广成果经验。

八、研究成果

经过两年多的研究，在上级领导的关心和支持下，经过大家共同的努力，本书课题研究已初见成效。教师的理念、家长的观念、孩子的个性均得到了发展，各方面能力也有了不同程度的提高。

（一）理论成果

1. 幼儿园教育"小学化"倾向现状调查结果

通过对幼儿园、小学调查和分析，以及辅以对相关文献资料的查阅和剖析，深入探寻了阳江地区幼儿园教育"小学化"倾向主要表现在幼儿园教育活动中多以教师为主体，缺乏以幼儿为本的教育理念；重视教授学科知识，忽视了幼儿习惯养成和能力提升；以集体教学为主，缺乏自主游戏时间和空间。我们认为，幼儿园间的恶性竞争、教师教育理念与教学行为的矛盾性、幼小衔接工作的单向性、家园校三方共同体的协同性，以及家长急功近利的教育心态是幼儿教育"小学化"倾向产生的主要原因。我们提出的解决对策：一是幼儿园要摆正位置，把重点放在改变教师、家长理念上，充分发挥家园共育的作用，积极向家长宣传科学的教育理念；二是幼儿教师要贯彻"游戏教学"精神，全面提升自身素质能力；三是建立家园校的学习共同体，通过家庭、幼儿园和学校的积极交流、力求突破、通力合作创新幼儿教育模式，优化幼小衔接工作策略。

2. 开发了"去小学化"教育园本课程

（1）"去小学化"策略。

① 智慧家长，快乐儿童。

通过家长群、教育专栏等宣传《3—6岁儿童学习与发展指南》中的幼儿各阶段身心发展的目标和"小学化"教育的危害，倡导家长要遵循幼儿发展规律，不能采取"拔苗助长"的错误做法，避免给幼儿发展带来不利影响。

开设"家庭编组"活动，邀请有哥哥、姐姐上小学的家庭讲讲孩子的成长故事，消除其他家长对幼儿即将步入小学的"升学"顾虑。

② 完善体系，科学引领。

"去小学化"教学内容，继续优化园本课程体系，强调课程生活化。

"去小学化"教育环境，以美术教育特色为载体，强调以幼儿为中心的环创与利用。

"去小学化"评价方式，强调幼儿学习品质的培养。如重点培养幼儿任务意识、独立思考能力、专注习惯和锲而不舍的精神。

（2）"去小学化"课程。

① 品格养成课程。

立德树人，以德为本，关注幼儿心灵成长与健全人格养成，注重幼儿身心健康和谐发展是我们探索的重点。我们引进了由北京师范大学、首都师范大学专家、教授共同开发的品格教育课程，每月开展一个品格主题、四个绘本的教育活动。每周，教师根据品格主题，开展绘本阅读、语言拓展、社会体验等活动，并结合本班孩子品格养成的需要，开展班本品格教育课程，培养孩子良好的品格与习惯。同时，我们的家长学校也开展了"享受路边时光，塑造美好品格"系列家园联动活动，包括"打卡晒娃"活动、品格教育家长会、每月家园反馈等，提高家长对品格教育的重视和品格教育能力，在品格学习的路上与孩子共同成长。通过课程及家园互动，构建了教师、孩子、家长"三位一体"的教育生态体系，培养孩子良好的品格，为其终身发展奠定坚实的基础。

②体育游戏课程。

通过综合的体育游戏实践形式，提高幼儿身体素质、动作协调能力、适应环境的能力，以及自我安全保护的意识和能力，为幼儿的健康体质奠定基础。我们对体育器械进行了科学摆放，以方便孩子们活动取用。根据地形和地面的材质把幼儿园的活动场地进行区域性分割，有跑跳区、投掷区、攀爬区、玩球区、平衡区等。从丰富的晨间活动到课间操再到体育课，孩子们每天都在这样一种宽松、自由、充满野趣的户外体育活动中锻炼、成长。通过丰富的体育游戏课程，孩子们的体质增强了，出勤率高了，性格开朗了，体能测试提高了，家长们理解认同了，阳光、活力体育运动的氛围洋溢在幼儿园的每个角落。如丰富有趣的一物多玩体育游戏，班级篮球赛，不但发展了幼儿的平衡能力、协调性、灵敏性，增强幼儿身体综合素质，让幼儿生理与心理协调健康发展，还培养了孩子的规则意识、竞争意识、团队精神，为幼儿小学阶段的学习生活打下非常有价值的基础。

③美育熏陶课程。

用浸泡式的课程，通过多维度的感知、体验、再现，让孩子们畅游于艺术的海洋，形式丰富的美术活动不断培养幼儿感受美、欣赏美、创造美的能力，以"孩子是永远的主角"为宗旨，为每个孩子提供展示自我的舞台，让他们享受成功的喜悦，感受艺术的熏陶，逐渐形成我园美育的特色和风格。

3. 构建了新型家园校学习共同体，形成"去小学化"教育新模式

"三位一体"——学习共同、共建、共享，创新教育合作的模式，进一步加强做好深度沟通与适宜互融。

（1）小学生体验馆——除以往的参观形式外，幼儿园还可以组织带领大班孩子观摩小学生的升旗仪式，体验小学生的操场、体育活动室、阅览室、科学馆等，进一步激发孩子入学的强烈愿望。

（2）小学体验周——通过"大带小课间十分钟活动""与小学生对话"等，进一步加强孩子对小学生活的各种感受。

（3）组织家园校沙龙活动——对幼儿家长、幼儿园教师、小学教师进行访谈等，促进幼儿教育的规范化、科学化发展。

① 家园和"育"，落实优质家长专题教育。

作为品格示范园，我园通过科学及系统化的儿童品格家长课堂，针对幼小衔接中涉及的教育因素，采取丰富多样的教育途径，实施科学有效的教育方法，力求多方参与、密切配合、共同携手，对家长进行定期专业化的家庭教育指导，帮助家长获取科学系统的家庭教育知识，从而实现家园高度同步、理念目标一致。活动后，从家长积极主动的反馈中也能看出，品格家长课堂使家长学有所思、学有所悟、学有所感。让家园协同的教育行为，促成好的品格，成就幼儿幸福人生，真正做到以品塑格，以格立人。构建教师、孩子、家长"三位一体"的教育生态体系，培养孩子良好的品格，为其终身发展奠定坚实的基础。

② 家庭和"乐"，学会与孩子共处。

家长结合幼儿园定期的指导建议，给予孩子更多的陪伴、尊重、信任、接纳、倾听，不只是孩子的父母，更是孩子的朋友，学会如何与孩子和"乐"共处，使家庭获得了更高质量的乐趣。例如，班中开设"家庭编组"活动，邀请有哥哥、姐姐上小学的家庭讲讲孩子的成长故事，组织各幼儿家庭在绿水青山中共同嬉戏，大手牵着小手，唱着熟悉的歌曲，欣赏着沿路的风景，交流着育人心得，消除其他家长对幼儿即将步入小学的"升学"顾虑。

③家园校和"携"，发挥合力优势。

充分发挥幼儿园、家长、学校三方资源合力优势，将三个独立的"1"整合互动，实现1+1+1>3的效应，共同灌溉家园发展土壤。家、园、校定期实行交流互动，探讨"去小学化"研究中的实际需求与问题，为后续的衔接工作指明方向，厘清思路，明确路径。"去小学化"背景下幼小衔接工作的新特点是与小学联手发挥合力优势，让大班幼儿走进校园参观交流活动，以直观体验的方式解答心中关于小学生活的好奇和疑惑，帮助孩子建立对小学生活的期待和向往。

为了推进家庭教育实践及理论研究，探索家校社协同育人的有效模式，努力构建覆盖城乡的家庭教育指导服务体系，课题组主持人罗红莲今年加入了由省妇联组织的阳江职业技术学院刘琴老师创办的"乐艺家庭教育工作室"，成了工作室的成员，侧重开展并推广亲子阅读活动，开展家庭教育指导公益服务等。工作室已和幼儿园合作开展了"游侠小木客"亲子故事会与"打开中国"线下故事会，在鼓励家长持之以恒地引导和陪伴幼儿养成良好的阅读习惯与生活习惯、培养孩子的爱国情怀等方面，取得了良好的效果。

4. "去小学化"背景下幼小衔接工作的新特点

2021年3月，教育部印发的《关于大力推进幼儿园与小学科学衔接的指导意见》指出，要减缓衔接坡度，帮助儿童顺利实现从幼儿园到小学的过渡，要求从秋季学期开始，各省（区、市）全面推行入学准备和入学适应教育，把一年级上学期设为入学适应期。在国家政策引导、市教育局统筹部署下，幼小衔接工作取得了阶段性进展，幼小双向衔接氛围逐渐形成，科学衔接意识不断强化，家校协同育人机制开始健全。

2021年5月，我园与阳东广雅小学联手，为幼小衔接做好各方面的准备，组织大班孩子在参观学校环境的基础上，观摩小学生的升旗仪式，体验小学生的操场、体育活动室、阅览室、科学馆等，通过"大带小课间十分钟活动""与小学生对话"等，进一步加强孩子对小学生活的各种感受，进一步激发孩子入学的强烈愿望。

随着2022年全国第11个学前教育宣传月活动的启动，在"幼小衔接，我们在行动"的主题引领下，我园从身心、生活、社会、学习四个方面，深入推进有效衔接工作并与阳江市实验学校结对成幼小衔接教研共同体，建立幼小学段互通、内容融合的联合教研制度，展开线上观摩，使小学教师走进幼儿园，完善共育机制，推动科学有效衔接。

（二）研究效果

1. 幼儿在教育中取得的成长

赋予儿童更多的自由支配时间、自主选择机会与自发探索空间，从根本上来看是重塑以"儿童为本"的育人环境。"去小学化"尊重儿童身心发展规律，让游戏贯穿于幼儿学习的全过程，让儿童自由、自主、自觉地开展游戏，不仅满足幼儿的内在需求，也让儿童在开放的、自主的和丰富的环境中实现自身的发展。

① 良好的习惯——讲卫生、懂礼貌、不偏食、不挑食、爱运动、早睡早起、有安全意识等。

② 自理能力——整理床铺、自己进餐、自己穿衣、自己如厕等。

③ 学习能力——培养学习兴趣和学习探索能力。

④ 社交能力——明白怎样建立友情、怎样保持友谊、出现矛盾时怎样解决问题、帮助别人、感恩别人等。

2. 教师专业素养有所提高，课题组成员积极撰写论文及参加各项比赛，取得了好的成绩

通过研究，提高了组员自主成长的意识和能力，帮助她们实现了自身的价值。其中，主持人罗红莲撰写的《浅谈幼小双向互动衔接策略》于2020年3月获阳江市教育教学论文一等奖，《幼儿园教育"去小学化"改革策略》于2021年9月在《教育学·教师教育论坛》杂志发表；冯爱兰撰写的《科学准备，助力孩子蜕变成长》于2020年3月获阳江市教育教学论文一等奖，《试析课程游戏化背景下的幼儿园趣味课堂创设》于2022年9月在《中国科技期刊数据库科研》期刊发表；陈景宜撰写的《论幼小衔接期家校协同课程的设计与实施》于2021年10月在《教育学·教师教育论坛》杂志发表；黄凯芹撰写的《幼儿园水墨画的教学研究》于2020年3月获阳江市教育教学论文三等奖，《幼儿园去"小学化"下的早期阅读教学活动改进策略研究》于2022年4月在《教育学》期刊发表；许启旋撰写的《关于提高幼儿体育课程质量的思考》于2020年3月获阳江市教育教学论文二等奖，《趣味游戏，快乐体育——论幼儿体育游戏化教学的意义与实施策略》于2022年4月在《教育学》期刊发表；叶宝珍撰写的《构建"家园教育共同体"的有效路径》于2021年10月在《家庭教育学》杂志发表；叶宝珍于2022年参加广东省第十一届体育与健康教学展示，荣获一等奖。

3. 汇编了园本课程系列

研究期间，为了进一步拓宽幼小衔接课程的渠道，课题组统筹汇编了《结题材料册》《品格教育——家长课堂》《品格成长课程》《助力成长1+1》《展体育特色课程，促进幼儿健康成长》《衔有温，接有度——科学过渡，为儿童搭建幼小衔接阶梯》等系列读本。这些读本很好地补充了园本课程的内容，丰富了幼儿课程体验，提升了教师园本课程的开发和实施的能力与水平。

九、存在问题

课题研究至今，课题组每位成员都付出了艰辛的努力，研究已经取得了明显的成效，但与此同时，也产生了一些困惑。

（1）家园校之间合作与交流的模式还不够丰富和创新。

（2）课题研究过程中虽然努力把实践与理论相结合，但课题组教师的理论支撑力度不足，归纳总结能力还有待提高，在开展课题实验过程中总结的经验和思考较浅表、零散，还需进一步建立完整的体系。

十、研究反思

（1）继续加强理论学习，端正科研态度，理论联系实际，扎扎实实地开展研究，不断提高课题组成员的理论水平和实践能力。

（2）深化园本课程体系的构建，为入学阶段的孩子提供保障，并能为阳江地区幼儿园提供借鉴。

（3）继续构建家园校"三位一体"的创新合作模式，促进幼儿园教育"去小学化"。

十一、经费使用

课题组本着节俭的原则，能根据《课题研究经费管理使用办法》及有关财务规定，规范、合理地使用课题经费。

参考文献

[1] 王幡，白健，王建平.日本学前教育中"幼小衔接"的实践与启示[J].浙江师范大学学报（社会科学版），2015，40（2）：80-85.

[2] 俞文，涂艳国，李露，等.儿童健全成长取向下幼小衔接教育观差异分析：基于主要利益相关者的调查[J].学前教育研究，2019（4）：16-31.

[3] 张荣华.大班班本课程"幼小衔接"的实践与体验[J].家长，2021（7）：99-100.

[4] 丁慧君.浅谈幼儿园应该如何做好幼小衔接工作[C]//四川省科教创客研究会.2021年科教创新学术研讨会论文集（第二期）.成都：四川省科教创客研究会，2021：25-26.

[5] 张文志.构建新型家校关系，促进家校协同育人：华山中学家校协同育人工作的思考与实践[J].中国教师，2021（2）：32-34.

播下一颗美的种子

3～6岁是儿童优秀品格形成的重要阶段，美育对塑造美好心灵具有重要作用，因此我们要在儿童心里播下一颗美的种子。这颗种子将伴随着儿童的成长，生根发芽，开花结果，最终长成参天大树。

一、坚持立德树人，把握正确方向

坚持立德树人的教育理念，把握正确的教育方向，是教育工作者一直以来的追求。在幼儿园的美术教育中，我园致力于打造一个开放、自由、多元和有趣的课堂环境，以激发幼儿的学习兴趣，引导幼儿主动探索和学习。

在这个过程中，我园将社会主义核心价值观融入课堂，用主题引导教学，不仅注重幼儿艺术技能的培养，还注重深化他们对艺术的理解和热爱。我们致力于在幼儿心中播下艺术的种子，激发他们的创造力和想象力，让艺术与他们的生活紧密相连。

同时，我园更注重品德的培养。我们倡导立德树人，以德为先，培养幼儿良好的品德和行为习惯。我们通过美术教育，引导幼儿认识和理解世界，培养他们的社会责任感和人文关怀，使他们成为具有正确价值观的人才。

我园的美术教育，不仅仅是一种技能的学习，更是一种品德的塑造。我们希望每个幼儿都能在我们的教育下，成为一个有艺术修养和正确价值观的人，为他们的未来发展打下坚实的基础。

二、坚持面向人人，改进美育教学

目前，在阳江地区，许多幼儿园的教学方式单一，美术作品往往只是机械地复制，缺乏创新和创作。《3—6岁儿童学习与发展指南》中强调，美学教育关键在于创造充分的条件和机会，让孩子们在大自然和社会文化生活中去感受与体验对美的理解，丰富他们的想象力和创造力。千篇一律的训练和追求结果的"完美"会对孩子们的想象与创造的萌芽造成压制，这是我们不能接受的。

三、扎根时代生活，弘扬中华美育精神

为了强化中华文化的根基，我园致力于弘扬中华优秀传统文化。通过让幼儿欣赏中国传统的民间艺术，如年画、剪纸、年糕和皮影戏，以及体验舞狮、赛龙舟和风筝等地方本土文化，我园引导幼儿学会用心灵去感受和发现美，并用自己的方式去表现和创造美。

在中国的传统节日中，我园深入挖掘其独特的魅力和内在的价值观，让幼儿在欢度佳节的同时，感受到中华文化的丰富多彩。例如，在春节期间，我园通过欣赏精美的年画和制作有趣的剪纸，让幼儿了解传统文化的内涵；端午节时，我园组织赛龙舟活动，让幼儿体验团队合作的乐趣；中秋节时，我园组织吃月饼庆团圆，让幼儿感受到家庭团聚的温馨。

此外，我园还通过各种实践活动，如制作传统手工艺品、参与传统音乐表演等，让幼儿亲身感受中华文化的魅力。通过这些活动，我园培养幼儿对美的感知能力，激发他们的创造力和想象力，让他们在中华优秀传统文化的熏陶下茁壮成长。

四、坚持不忘初心，建强教师队伍

通过组织幼儿美术教师培训和幼儿园之间的教学交流，我们可以更新教师的教育观念，使他们从主导者转变为引领者和支持者。提供开放性的绘画材料，让孩子自由选择，尝试使用不同的绘画工具，并将其综合运用到自己的画作中。同时，鼓励孩子观察生活，与环境互动，激发他们内心独特的想象力和创造力。

通过这种培训和交流，教师可以不断地改变自己的教学策略，提高自己的专业素养，促进美术专业方面的自主学习和研究。这将有助于形成教学相长的良性循环，让教师和孩子在绘画的过程中共同成长。

通过这种方式，我们可以为孩子提供更加丰富多彩的美术教育，让他们在自由、创造和探索中发掘自己的潜力，培养创造力和审美能力。同时，我们也可以为教师提供更多的发展机会，提高他们的专业水平和教育质量。让我们共同努力，为孩子们的未来和我们的教育事业做出更大的贡献！

五、遵循美育特点，健全完善机制

面对幼儿美术教育在新形势下的不断发展，新课程改革是我园必须高举的旗帜。我园将深入研究和探索美育的教育教学规律，并不断健全完善相关机制，以对幼儿美术教育进行全新的定位和评价。在这个过程中，我园借助阳江市教育学会美术书法专业委员会的支持，紧密结合历史发展的趋势，竭力推动阳江美育改革的进步和发展。

为了适应新形势下幼儿美术教育的发展需要，我园深入研究和探索美育的教育教学规律，不断健全和完善相关机制。通过全新的定位和评价，我园可以更好地理解幼儿美术教育的本质和目标，为幼儿提供更优质的美术教育。

在这个过程中，我园将借助阳江市教育学会美术书法专业委员会的力量，充分利用其丰富的资源和经验，更好地掌握美术教育的专业知识和教学方法。同时，我园也将紧密结合历史发展的趋势，把握时代机遇，推动阳江美育改革的进步和发展。

我园的目标是以新课程改革为引领，通过深入研究和探索美育的教育教学规律，健全完善相关机制，对幼儿美术教育进行全新的定位和评价。在这个过程中，我们将与阳江市教育学会美术书法专业委员会紧密合作，共同推动阳江美育改革的进步和发展，为阳江的幼儿教育贡献出我们的一份力量。

幼儿园创意美术的探索与实践

幼儿园美术教育对于幼儿的发展非常重要，它既能培养幼儿的审美能力，促进幼儿多个方面的发展，激发幼儿的创造力和想象力，又能培养幼儿的艺术素养。同时，创意在幼儿教育中扮演着至关重要的角色，我们应该通过鼓励孩子自由发挥、提供创意的材料等方式来强调创意的重要性。本书旨在介绍阳江市政府机关幼儿园举办的每年一届的创意美术展，该活动旨在通过艺术教育全面提升孩子的身心素质，培养他们的创造力、审美素养和表达能力。

一、本园美术教育的现状和挑战

我园创建于1983年，拥有三十多年的历史，是一所全日制公办幼儿园。过去，我们的美术课程主要以集体教学为主，教师对教材的依赖性较强，缺乏教学创新，这导致孩子们在创造力和表现力方面表现较弱。但是，在良好传统的带动下，教师团队以"朴实肯干、爱岗敬业和强烈的责任意识"著称，给幼儿园带来了稳健的发展。

2014年，我们的团队在改制后得以重新组建。现在的教师队伍更富有朝气和热情，充满了创新精神和追求。经过不断的研讨，我们意识到，健全的儿童美术教育应体现自由精神，要树立"以童心为本"的幼儿美术教育观念。童心就像蕴藏在大地中的种子，需要教育者像农夫那样遵守天时，循序渐进，精耕细作。

为了更好地贯彻《幼儿园教育指导纲要（试行）》和《3—6岁儿童学习与发展指南》等精神，我们努力遵循"以幼儿发展为本"的学前教育课程理念。我们积极构建"在实践中发展，在发展中创新，在创新中完善"的课程管理模式，以创意美术课程的研究和探索为突破口，构建幼儿园的园本课程体系，让孩子们能够自由地表达自己，激发他们的创造力和想象力。

二、创意美术在幼儿园教育中的优势

（一）激发幼儿对美术的兴趣

创意美术是一种以幼儿为中心的教学方式，通过让幼儿亲身参与、动手实践，发掘他们的创造力和想象力。创意美术可以为幼儿提供多种艺术形式的体验，能培养他们的观察力和表现力，增强他们对美术的兴趣和热爱。创意美术还可以让幼儿在实践中感受到美术的魅力和乐趣，激发他们对美术的兴趣和热爱，促进他们的发展。

（二）培养幼儿的创造力和想象力

创意美术是培养幼儿创造力和想象力的有效方式。它通过各种美术活动，如绘画、手工制作等，让幼儿自由表达自己的想法和感受，发挥他们的创造力。此外，创意美术还可以激发幼儿的想象力，通过丰富多彩的活动，如废旧材料或自然材料的利用，锻炼他们的手眼协调能力。总体来说，创意美术在培养幼儿审美能力和创造力的同时，也有助于促进其身心发展。

（三）提高幼儿的艺术欣赏能力

创意美术是一种结合了艺术感知力和创造力的教育方式，通过让幼儿参与绘画、手工制作等活动，发展他们的视觉和空间感知能力、创造力及想象力，同时也可以提高他们的艺术欣赏能力，使他们享受艺术创作带来的乐趣和满足感。

（四）在创意过程中，促进幼儿的心理成长

创新的过程和多样化的体验，可以为儿童提供多种机会促进他们的心理发展。这些机会包括探索和尝试、沟通和表达、创造力和想象力、自我反思和问题解决、合作和社交技巧等方面的发展。同时，我们可以通过提供多种体验，鼓励提问和思考，给予积极的反馈和支持，以及培养幼儿自我调节能力，进一步促进儿童的心理发展。

三、幼儿园创意美术的实施策略

（一）选择多样化的美术材料和工具

在幼儿美术教育领域，选择多样化的美术材料和工具是非常重要的。其中，美术材料包括绘画材料、手工艺材料、雕塑材料、媒体材料、科技材料、自然材料、水彩画材料、油画材料、素描材料、印章材料等。在选择美术材料和工具时，需要考虑到安全性、适应性、多样性、创意性、互动性和教育性。总之，多样化的美术材料和工具既可以激发幼儿的兴趣和创造力，也可以增强亲子关系和师幼互动的效果。

（二）营造充满艺术氛围的教学环境

1. 区域活动拓展

在区域中开展美术活动，为幼儿创造一个宽松、自由、和谐和充满艺术氛围的环境，让他们有机会展示自己的长处并获得成功，从而增强他们的自尊心和自信心。提供丰富的活动材料和工具，可以激发幼儿的学习兴趣，同时，还要鼓励他们自由地运用不同的艺术形式表达自己的经验、感受和体验。在活动结束后进行分享和总结，不仅可以帮助幼儿巩固和提升他们的经验，还可以促进他们与同伴之间的学习。

中、小班的区域活动是以班级为单位独立开展的。每个班级都设有美工区，除了常用的美术材料和工具外，还有身边的物品和废旧材料，幼儿可以制作各种玩具、工艺装饰品，体验创造的乐趣。

对于大班，我们开展了区域混班游戏，整合资源，在一个班级中设置

多个美术区域，如水墨区、水粉区、编织区、创意区、剪纸区等。

为了使美术教学更加丰富，我们在美术室的大区域中加入了陶艺和扎染等美术形式。"玩泥巴"和扎染成为幼儿最惬意的游戏。由于幼儿天生具有探索倾向，好奇且爱玩，陶艺和扎染活动不仅为他们提供了额外的游戏内容，还能让他们从中获得丰富的造型经验和感受色彩变化的乐趣。

2. 环境资源整合

优化幼儿园本地的环境资源，使其更加丰富多彩，以增强课程的效果。孩子们对周围生活中的色彩表现出极大的兴趣和敏感性，他们能够捕捉到事物之间微妙的色彩变化。为了引导幼儿发现环境中的美，培养他们欣赏生活之美的能力，我园近年来遵循每半年一次的规则，不断对园本环境资源进行整合。例如，春天，盛开的桃花和摇曳的柳枝为幼儿园增添了生机与活力；夏天，草地上悠闲散步的蜗牛，飘香的杧果和甜甜的黄皮，以及在荔枝树下悬挂的毛毛虫，还有树上红彤彤的荔枝，都为幼儿园带来了丰富的自然元素和生命力；到了秋天，柚子树上的蜜柚及巧妙搭建的鸟巢，更是将幼儿园的环境资源提升到了一个新的高度。幼儿园内的花朵、果树和环境创新，在不同的季节里，展现出或清新，或妖娆，或恬静，或活泼的不同风格，为孩子们创造了一个丰富多彩的世界，为他们的学习和成长提供了理想的条件。这些美丽的元素与环境一起见证了孩子们的成长和发展，成了他们美好回忆的一部分。

（三）组织创意美术活动的方式

1. 主题活动

幼儿园主题活动是一种以中心内容为主题，组织教育教学的活动。这种活动可以充分展示孩子们的智慧和个性，是一种真正有意义和有价值的学习方式。在主题的引领下开展美术教育可以让孩子们从被动学习变为主动学习，由接受性学习变为探索性学习，从而激发他们的学习兴趣。

例如，在"欢欢喜喜过春节"主题的引领下，孩子们可以欣赏传统民间艺术（如年画、剪纸、年糕、皮影）和地方民俗文化（如舞狮），并尝试进行创作；在"春天来了"主题的引领下，孩子们可以进行与动植物有关的观察，开展写生创作，用心灵去感受大自然的色彩美，使春天大自然中自然、和谐、五彩缤纷的美，通过自己无穷的想象，表现在画纸上。

此外，我国还开展了"我和图书做朋友"主题活动，在这个主题的引领下，孩子们可以制作特色书签，制作自己的图画故事书；还有"小小毕加索"主题活动，在这个主题的引领下，孩子们既可以欣赏经典艺术作品，与名家对话，也可以发挥自己的想象力进行创作。

主题活动不仅有助于孩子们了解和掌握各种知识，也有助于提高他们的审美能力和创造力。通过这些活动，孩子们可以更好地发挥自己的个性和特长，同时，也可以在快乐中学习成长。

2. 集体教学

集体教学是一种有目的、有计划的教育活动，能够系统、高效、经济、公平地引领幼儿学习。因为我们公办幼儿园目前存在班额较大的情况，集体教学仍然在美术课程建设中发挥着非常重要的作用。

经过多年的实践探索，我们发现，在幼儿美术活动中，在切合"感受—体验—再现"的过程中，孩子们会有更多的创造性表现，并能更好地形成自己的美术思维。因此，我们将这三个环节进行了完美的糅合，使集体教学模式彰显出独特的园本魅力。

通过这种糅合，我们能够更好地满足幼儿的学习需求，促进他们的全面发展。同时，我们也在不断地探索和完善这种教学模式，努力为幼儿教育的发展做出更多的贡献。

四、创意美术在幼儿园教育中的实际应用案例

（一）"播"第五届"稚手童心"创意美术展

"一线一童心，一画一世界"，孩子们用天真之眼认识大千世界的万物，用稚嫩画笔涂鸦心的世界。一片片的色彩、一幅幅的涂鸦、一张张的绘画，也许还不够完美，但其灵动的思绪，也许会牵动你心底美好的情愫。诚邀您和我们一起，细品童画，感悟美好！

花开的五月是美丽的、灿烂的、快乐的。

在我们的热切期盼中，在孩子和教师的辛勤努力下，在各级领导和家长的关心支持下，我园"播"第五届"稚手童心"创意美术展，终于和大家见面了。

（二）"播"第六届"画语·童韵"创意美术展

1. 画展开幕

一颗沙里看一个世界，

一幅画里描绘一个天堂。

把无限抓在你的手掌里，

把永恒放进一刹那的时光。

我园幼儿美术创意作品在四月末

如期展出，

让我们一起走进孩子们描绘的

童画世界中……

4月30日上午9点，"画语·童韵"第六届创意美术展正式开幕。出席开幕式的有阳江市教育局体卫艺科美术教研员陆达铁，以及其他相关人士。

2. 画展直播

第一站 行为艺术："梦幻森林"

音乐与行为艺术进行多元融合，尝试创新幼儿美育的实践模式，开

拓幼儿园美育的新视角、新思路。

第二站 "编织小能手"

孩子们在乐学、乐玩、乐编、乐享中感受编织的快乐。

第三站 "原生态手工艺"

周六、周日的时候，爸爸、妈妈和我们一起到公园、小村庄里捡了许多的树枝、形状各异的枯叶、摇摇摆摆的芦苇、大大小小的松果。

第四站 "多元的纸"

让孩子们用纸制作各种服装，培养孩子们的动手能力。

第五站 "颜色大比拼"

我们不是在培养小画家，而是让每个孩子都能透过艺术接触，逐步养成创意思维的能力与习惯。

也许不能让每个孩子都成为艺术家，但是缤纷多彩的童年会是孩子一生的财富。

第六站 "童乐园"

从不轻看你的创作，

因为每件作品都是你成长的记录；

从不责怪你画得不符合常理，

因为在你稚嫩的笔触里发现了你有趣的故事；

从不会指责你画得歪歪扭扭，

因为在你的画中倾听到了你内心的表达，

在这里，我们充分尊重了你们的人格与自由意志。

第七站 "童韵丹青"

文房四宝、水墨丹青……孩子们恣意表达、纵情流连，观展者沉浸在专属于孩子们的童心童韵里。

第八站 "陶陶乐"

小时候的记忆，打泥巴、搓泥条、捏泥人，这些淳朴的生活已渐行渐远……见证一方泥土在孩子的手中变成一件件妙趣横生的作品，这个过程真让人欣喜万分。

第九站 "扎染坊"

色彩缤纷的扎染:

互研、互学——阳江教育学会少儿美术教研活动

2019少儿美术教研活动在我园召开,专家、学者、同行们对孩子的作品赞不绝口,大力褒扬了我园艺术氛围,更是肯定了我们的执着和付出!

在研讨中,陆达铁老师用通俗易懂的语言为大家解读少儿美术创作的特点,并对本园第六届画展作品进行了全方位的点评,让教师们全面地了解幼儿美术教学的基本要求,为教师们提供了切实可行的实践指导!

此次少儿美术研讨,提升了教师的美术专业素养,创设了互相交流学习的平台,也为今后少儿美术教育实践打下了坚实的基础。

让我们与可爱的孩子一起畅想

梦幻的童年……

我们坚信,

只要有阳光,花必盛开。

只要有情怀,爱满芳园。

五、结论

(一)创意美术在幼儿园教育中的价值和意义

创意美术在幼儿园教育中非常重要。第一,创意美术可以帮助孩子发掘艺术潜能,激发创造力,提高审美和欣赏能力;第二,创意美术能推动孩子的多元化发展,增强他们的心理素质和情感感知能力;第三,创意美术可以丰富教学内容,提高教学质量,帮助孩子更好地理解和探索世界;第四,通过创意美术,孩子可以发现自己的兴趣所在并培养出自己的艺术风格和创造力,锻炼手脑协调能力,培养独立思考和创新的

能力；第五，创意美术可以培养孩子的社交能力和合作精神。总之，创意美术可以帮助孩子全面发展，我们应该重视其在幼儿园教育中的运用。

（二）对未来幼儿园美术教育的展望和期待

未来幼儿园美术教育需注重培养孩子的创造力和想象力，通过多种艺术活动和教学方式激发孩子的兴趣与热情；同时，也要强调个性化和差异化教学、跨学科整合和亲子教育，为孩子的全面发展打下坚实的基础。

园长寄语

——"播"第六届创意美术展成果汇编

借助大自然的色彩，在干湿点染中，一勾一画里，蕴含着阳江市政府机关幼儿园全体教师和幼儿无尽的情思。为展示美术教育活动的成果，我园每年春天都举办一次以"播"为主题的创意美术展。它展现的不仅仅是艺术活动，也是我园对美术特色教育建设的探索，它是向全园师生乃至社会同行献上的艺术盛宴。

艺术可以美化心灵、净化灵魂、陶冶情操、提升品格。要让孩子从小接受艺术熏陶，让艺术陪伴孩子成长，那将会是孩子一生的财富！我们坚守领路人的职责，让孩子以独特的创造个性，在艺术成长的人生道路上尽情挥洒创作热情，并留下一行行稚嫩和宝贵的脚印，使一张张绘画作品，化为他们所思、所想、所梦的翅膀，飞向远方……

独特的风采和魅力，是我园特色教育的灵魂；建设富有特色的美术教育是我园的发展方向。这次创意美术展正是基于这样的思考，力图从继承和创新、课程改革和质量提高、师生个人发展和幼儿园整体发展等诸多因素中寻找联结点。

我园的师资力量雄厚，教师多次获得省、市级幼儿美术比赛的辅导奖。这次展览共收录了400多幅美术作品，比较全面地展示了我园美术教育发展的整体水平。一幅幅主题突出、形式新颖、风格鲜明、稚趣盎然的绘画作品，凝聚着教师和幼儿的智慧与心血，充分展示了广大师生对生活的热爱和对艺术的追求。

"赤橙黄绿青蓝紫，谁持彩练当空舞？"我园美术教育的美好蓝图正徐徐展开，让我们全体师生一道，在这片充满希望的热土上，留下最新、最美的印记！

美术展活动致辞

今天这个活动对我来说意义重大，它让我感受到了孩子们天马行空的想象力和创造力。每张画作都是小画家们用心灵和手指创造的艺术品，充满了他们的独特个性和对世界的理解与热爱。过去的7次展览展现了幼儿园"以幼儿为本，培养创新型人才"的教育理念。教师鼓励孩子自由发挥，勇于尝试，不仅培养了孩子的艺术素养，也让他们在创造的过程中学会了观察、思考、合作和表达。而未来，我相信阳江市政府机关幼儿园将会继续保持其教育理念，为孩子们提供更广阔的舞台和更多的机会。我期待看到更多的孩子在这个平台上展现他们的才华，展现他们的个性和创造力。总体来说，参加这次创意美术展让我对未来充满了期待和信心。我相信，只要我们鼓励和支持孩子们的创造力，他们将用他们的画笔，为我们描绘出一个又一个美丽的未来。下面是我的深切感悟。

一、见证当下，艺术果实傲立枝头

参加阳江市政府机关幼儿园第八届的创意美术展，就像见证自己的孩子迈出重要的一步，步入成人的世界。这一刻，机关幼儿园的创意美术展已经成为众人热切期待的活动，它的影响力已经超越了园门的界限，融入了社会，以自豪的姿态展示在大众面前。

在这里，我们看到的是传统与未来的融合、艺术与科技跨界的创新。孩子们的作品，如同闪耀的繁星，展示着他们的才华和创新精神。我为他们感到深深的骄傲。在创意美术展中，孩子们尽情地发挥想象力，用各种材料去创作，从而提升了艺术审美能力和动手能力。

同时，创意美术展也提供了让幼儿园家长直观地认知孩子成长和进步的机会。每幅作品，每个创作过程，都反映了孩子们的成长变化，充满了他们的热情与才华。

目前，历经八届的美术展，已经从最初的雏形发展至如今的成功蜕变，这正是传承与发展的见证。让我们共同期待下一届的创意美术展，相信它将带来更多的惊喜和突破，让我们为这些才华横溢的孩子鼓掌喝彩！

二、回顾过去，艺术种子悄然播种

如今，回首曾经的时光，心中充满感慨。那些充满波折和挑战的岁月留下了深深的烙印。在陆达铁老师的引领下，我带领机关幼儿园的部分教师首次前往佛山参观了中南海小学的画展。这是一次极其宝贵的经历，极大地开阔了我们的视野，让我们领略到了一个全新的儿童美术世界。

这次参观不仅点燃了教师的美术热情，还激发了他们内在的创新精神。于是，我成立了美术创意小组，打通的几间阴暗仓库被改造成为美术工作坊，为教师和孩子提供了展示他们才华的舞台。工作坊不仅为孩子们提供了学习美术的平台，也为他们营造了一个安全、充满乐趣和创造力的空间。

首届以"播"为主题的创意美术展成功举办，获得了家长和社会极佳的反响。这鼓励我们继续创新，争取让每年举办的创意美术展都带给观众耳目一新的感觉。孩子们的作品展现出了他们的想象力和创造力，也传达出了他们的喜悦、希望和梦想。

在这个过程中，我将自己的角色定位为一个搭建舞台的人。我致力于培养优秀的人才，如冯爱兰园长、许妹琼园长、陈景宜助理、杨月珠老师等，让她们在这个舞台上快乐地展现自己的人生，留下精彩的足迹。

这段经历让我深刻地认识到，通过持续的努力和创新，我们可以为孩子们创造更好的学习环境和条件。而在这个过程中，孩子的成长、教师的进步，以及社会的支持，都让我们的工作充满了意义和价值。在未来的日子里，我会继续搭建这样的舞台，让更多的孩子和教师能够在这里绽放他们的才华，实现他们的梦想。

三、展望未来，艺术花朵永远绽放

未来，我期待能继续见证冯园长举办的创意美术展。这场展览将如同经典的艺术作品一般，永恒而不朽，经过时间的洗礼而越发焕发出新的光彩。通过展览，我们将持续推出优秀的艺术作品，以激发孩子们对艺术的兴趣和热爱，帮助他们提升艺术修养、陶冶情操。

同时，我们更会将美术教育的推广深入幼儿园的日常教育中，让每个孩子都能在艺术的世界中自由翱翔，培养他们的创造力和独立思考的能力。通过艺术，我们将为孩子们的全面发展提供更多的支持和保障，让他们在未来的成长道路上更加自信、独立。

我们的目标不仅仅是让孩子们学会画画，更重要的是让他们学会如何用艺术表达自己的内心世界，提升他们的审美能力和创新思维。我们将不断探索和尝试，让美术教育在幼儿园中发挥更大的作用，为孩子们的全面发展提供更多的支持。

我们期待每个孩子都能在美术教育的熏陶下，成长为具有独特个性和创造力的优秀人才，为未来的社会发展贡献自己的力量。

以德尚美　以美育人

——探索德育和美育教学改革之路（陶艺教育篇）

一、陶艺概述

"陶艺"是陶瓷艺术的简称，是中国的一门优秀传统艺术。随着时代的发展，陶艺已不再是某种专业的技艺，而是成为提高个人艺术修养的一门必修课程，它融绘画、雕刻、工艺美术为一体，被誉为"火与土的艺术"。陶艺在素质教育领域具有不可替代的特殊性和重要性，也越来越多地被广大幼儿园、家长认同和重视。

二、陶艺教育在幼儿园的推广

近些年，陶艺教育逐渐在幼儿园中推广。幼儿是祖国的未来，现在国家需要培养多元化人才，重视以德为先，应引导孩子从小热爱祖国，热爱人民。通过陶艺制作课程，幼儿能真切地体会到中华文化的魅力与中华儿女世代的智慧，培养幼儿的情感价值观、审美能力、创造能力等。

中国的传统节日是传承优秀历史文化的重要载体。传统节日既能使孩子在节日中增长知识，受到教益，又有助于彰显文化、陶冶情操、弘扬传统美德。传统节日蕴含着注重血缘、敬天爱人、崇尚团圆、以和为贵和礼尚往来等特质，与我们这个时代的精神气质一脉相承。

优秀传统文化的熏陶，能让幼儿从小根植中华民族的价值和思想、道德和伦理、行为与规范、审美与情趣，感受人们对幸福生活的积极向往和执着追求。教师通过引导幼儿认识并感受传统节日氛围，体现传统文化的精粹，熏陶孩子的成长，陶冶他们的情趣。

幼儿园全面深入开展幼儿陶艺教学，既能让孩子在中华民族博大精深的艺术海洋中体会到快乐与自豪，也能丰富孩子的学习生活，提高他们的综合素质，还能加强优秀传统文化教育，熏陶幼儿成长。

三、传统节日陶艺主题故事

本园通过对五大传统节日——元宵节、清明节、端午节、中秋节、重阳节进行陶艺主题故事教育，体现校园优秀传统文化的教育性，并通过陶艺教育更好地培养孩子的道德情操，让孩子热爱优秀传统文化。例如，春节是中国最重要的传统节日，也是新年的开始。在陶艺方面，人们会制作鱼形陶器、福字陶器、红色陶器等陶艺作品来庆祝节日。清明节是祭祀祖先和扫墓的节日，人们会在这一天表达对先人的怀念和敬意。在陶艺方面，人们会制作祭器和墓碑，以及一些寓意深刻的陶艺作品，如"长青"和"菊花"，寓意"怀念"和"长寿"。端午节是纪念屈原的节日，也是赛龙舟、吃粽子的传统节日。在陶艺方面，人们会制作龙舟和粽子形状的陶器，以及一些寓意屈原精神的作品。中秋节是家庭团聚的节日，也是赏月、吃月饼的传统节日。在陶艺方面，人们会制作月饼和月亮形状的陶器，以及一些寓意家庭团聚和幸福的作品，如"莲花灯"，寓意"祥和"。重阳节是敬老和登高的节日，人们会在这一天登高远眺、关爱老人。在陶艺方面，人们会制作登高工具和老人形象的陶器，以及一些寓意尊敬和关爱老人的作品，如"菊花茶"，寓意"敬老"。

发展民间艺术，弘扬民族文化，需要"弘扬民族艺术，振奋民族精神"。中华文化博大精深，利用传统节日的内涵，开展以感受传统节日文化为主题的陶艺教育活动，从小对幼儿进行民族文化艺术的熏陶，能使幼儿在五大传统节日主题活动的的参与中体验到陶艺的趣味性、多样性，从中激发幼儿对中国陶艺的热爱之情。

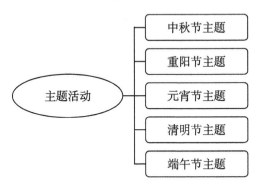

图4-1　五大传统节日主题活动

根据图4-1五大传统节日主题活动的设计和组织，幼儿围绕主题，进行自主探索，创造与节日有关的趣味作品，教师及时地给予支持和引导幼儿参与活动。有趣的陶艺操作可以让幼儿自发地爱上陶艺，感受优秀传统文化带来的无限乐趣。

（一）中秋节主题

每年农历八月十五，是中国传统的中秋节。在中秋时节，人们对着天上一轮皓月，观赏祭拜，寄托情怀。因此，教师利用这个美好而团圆的节日设计了"和和美美大团圆"的陶艺课程活动，让幼儿了解中秋节的由来并与同伴共同制作各具特色的月饼。

幼儿通过揉、捏、团、搓等动作和辅助工具完成月饼的制作。

幼儿成功制作出月饼作品，并向大家分享月饼的名称、特点。

（二）重阳节主题

金秋送爽，丹桂飘香，农历的九月初九叫作"重阳节"，又叫"老人节"。尊老、爱老是我们中华民族的传统美德。教师利用这个特殊的节日，设计了重阳节主题活动"爷爷、奶奶，我爱你们"，让幼儿亲手制作一份"礼物"送给爷爷、奶奶。

幼儿通过欣赏花瓶的造型、色彩，形成初步的创作灵感。

（三）元宵节主题

"老师，为什么元宵节我们要吃汤圆？"幼儿对元宵节虽然有一定的了解，但是并不知道元宵节为什么要吃汤圆。我国的传统节日传承着我国的传统文化，为了让幼儿了解中国的传统节日，感受元宵节传统文化，教师开展了元宵节主题活动"圆圆的汤圆，暖暖的爱"。

教师集体教学，初步让幼儿知道元宵节的来历，产生制作汤圆的兴趣。中班幼儿能利用按压、揉搓等技巧制作汤圆，并从中体验制作汤圆的快乐。

（四）清明节主题

为了使幼儿更清楚地了解清明节的意义，根据孩子的年龄特点，教师设计了本次清明节主题活动"春暖花开话清明"，意在让幼儿了解清明节的意义、由来及风俗习惯，受到浓郁的优秀传统文化的熏陶，并从中受到深刻的思想教育，更加珍惜今天的幸福生活。

教师通过集体、小组、个人等形式开展清明节主题活动，让幼儿在制作多肉植物的同时，感受清明节与其他节日在气氛上的不同之处。

（五）端午节主题

丰富多彩的节日教育活动使孩子们对中国的优秀传统文化与节日有了初步的认知，对中国的传统节日产生了浓厚的兴趣。随着端午节的到来，中班级组教师组织幼儿和家长代表进行一场"端午节陶艺比赛活动"，让孩子们了解端午节的来历、本土风俗习惯和文化，学习用自己的方式表达对亲人、朋友的爱，在陶艺制作中感受亲人陪伴的幸福。

教师采用集体教学形式，通过观看视频、观察图片的导入方式让幼儿了解端午节的由来，并亲自操作示范讲解制作陶艺的重点及注意事项。

有效地开展五大传统节日主题陶艺活动，可以充分利用幼儿自身的好奇心，引导幼儿积极参与其中，使其在陶艺活动中按照自己的主观意愿，充分发挥想象力，使得陶艺作品更加具有幼儿个人独特的特点。在这一过程中，幼儿会跟随教师的引导，大胆地进行创新。同时，亲自动手完成相关陶艺制作，对幼儿自身的创新性与创新思维的发展可以起到促进作用，同时，也有助于深化幼儿对优秀传统文化的理解，提高幼儿的实践能力与动手能力，为其今后的学习与发展奠定坚实的基础。

第五章

美育实践

5

"筝"的爱你

——阳江风筝

阳江风筝是广东地区传统手工艺品之一，已有1400余年的历史。阳江背山面海，旷野辽阔，到处都是天然的放飞场。每逢九九重阳节，秋高气爽，正是纸鸢放飞的最佳时节，放风筝便成了民间最兴盛的赛事。阳江被誉为"南国风筝之乡"，阳江风筝为南派风筝的代表之一。广东省阳江市扎制的风筝，种类繁多、造型美观、技术精巧，形神兼备、栩栩如生。

为了响应广东省文化厅的号召，弘扬优良传统，进一步宣传非物质文化遗产精神，阳江市风筝协会将广东省非物质文化遗产——阳江风筝带进校园、让我园幼儿零距离接触非物质文化遗产，零距离接触阳江风筝。阳江市风筝协会将活生生的风筝文化带到孩子身边，让他们感知非物质文化遗产的韵味。阳江风筝走进校园，让非物质文化遗产走到你我身边，是我们活动的宗旨。

正值阳春三月，春风和煦，是放飞风筝的大好时节。风筝在中国传统文化中有着特殊的寓意。幼儿通过风筝来表达对美好生活的向往和憧憬。

"棋"趣无穷

——中国象棋

　　"让幼儿在健康、快乐地成长之下进行其智力开发"是现今幼儿教育提倡的一个教育理念，很多研究也表明，幼儿时期是智力开发的最好时期。民间少儿棋类游戏正顺应了这一理念，幼儿在快乐的游戏过程中，注意力、观察力和思维能力都得到了发展。

　　象棋教学是我园的特色教学，我园设有专门的象棋室。

有趣的课堂：

师生"赛棋"：

王园长亲自授课：

幼儿在课间时休闲"博弈"：

课室外一角"对弈"：

象棋公开课：

全体教职工象棋大赛：

教职工之间相互"博弈"，"一分高下"：

经典流传

——亲子故事

　　书是五彩生活的万花筒，书是大千世界的缩影。要培养幼儿的阅读兴趣，拓宽幼儿的认知，让幼儿体验读书的乐趣，促进幼儿爱读书、勤读书、乐读书良好阅读习惯的养成。随着主题阅读活动欢乐起航，小朋友们在浩瀚的书海里阅读，探寻着自己与世界之间的秘密。

　　泱泱中华，历史悠久，时代需要我们继承传统文化中最优秀的元素，让那些浓缩了中华五千年思想精粹的睿语、哲思熏陶孩子们的言行，让孩子们在读经诵典中德养德行。

　　我们邀请了各班的"小小故事王"来讲一些传统的励志小故事，有《司马光砸缸》《凿壁偷光》《铁杵磨成针》《负荆请罪》……故事简单却蕴含着深刻的道理，是中国几千年文化沉淀后的人类智慧结晶。这些经典的传统小故事能激发孩子阅读的兴趣，提高孩子对古诗词的理解力，引导孩子接受传统故事中的道德教育。

"陶"乐融融

——陶艺教育

陶艺在幼儿素质教育领域具有不可替代的特殊性和重要性，近年来被广大学校认同和重视，在社会上产生了非常好的影响。随着现代化社会向多元化方向发展，素质教育下产生的"社会产品"应该是学会做人、学会求知、学会审美、学会创造的多元化人才。

首先，陶艺作为艺术的一朵奇葩，属于世界性的艺术语言形式。国外陶艺发展得非常快，它们都走在我国这个曾经的"陶瓷大国"之前。中国作为陶瓷古国有着深厚的文化底蕴，近半个世纪发展日新月异，我们有理由也有责任让这门艺术在我们的孩子手中得到继承和发扬，只有让幼儿扎根于民族文化传统，才能维系文明的进程。

其次，陶艺充满了纯天然的气息和生命力，对孩子产生的亲近、回归自然的诱惑是不言而喻的，我们应当发展幼儿使用原始材料的本能，让他们在陶艺活动中寻找自己、发展自己，塑造一个个全新的幼儿心理世界。

再次，陶艺的制作与欣赏对幼儿动脑和动手能力具有一定的协调作用，对智力开发具有很大的促进作用，不仅能训练他们的视觉、触觉和动觉之间的配合，还能激发他们的想象力、创造力和思维能力，充分体现素质教育的目的和本质，是美育的生动体现，对提高整个国民的文化素质也有着深远的意义。

我们陶艺课用的陶土是高白泥，是无毒、无臭的天然矿物，柔软湿润，可塑性强，上釉烧制出来后色泽鲜艳，孩子爱不释手。

此材料属热固性材质，用它创作出来的作品必须放进电窑里烘烤成型，因此我园设有专业的电窑烘烤设备。

拉坯制作：包括定中心，中心不稳拉的坯不稳，厚度不均。陶艺家都是从找中心开始的：拉升、做造型（凹凸有致）、大小和高度随心而动。

幼儿陶艺教育，是一种孩子喜欢的教育方法，也是一条可以激发孩子潜力的途径。幼儿玩泥的过程，就是将自身的经历体验重新组合，并赋予新意义的过程。

作为园中"美的文体站"，美术室内的开放式课堂做了适当的环境布置，也把幼儿作品展示出来，营造陶艺教学的氛围。

泥塑是一门需要耐心、细心、用心体会的课程。一件复杂的作品，需要花不少时间反复修改，由于喜欢，儿童往往会忘记时间，在精雕细"塑"中，会更细心。如泥条盘制，一不小心很容易折断，幼儿在不断的实践中了解了泥塑的规律和要求，慢慢地学会了细心，养成了耐心细致做事的习惯；同时，也能体验劳动不易，更能珍惜劳动成果，养成爱护财物的好习惯。

幼儿作品《玩偶》：

创设情境，激发认识，自主探索，变被动参与为自我需要。下图为课室内区角活动中的美术区"陶陶乐"。

我们让孩子在种植园地、自然角（班门口的植物架）种植盆栽，在教师指导下制作花盆。这成为我园的一大特色，同时，也培养了他们对种植的兴趣。

公共空间中的景观陶艺元素以多种表现形式存在于室内外空间环境中，革新了既有的观念，它不再局限于单纯的陶瓷造型表现和狭隘的陈设、装饰范围，而是更多地与区域文化背景、环境功能相结合，将那些能体会现代人思想意识、感觉趣味和价值观念的陶瓷潜能充分地发掘出来。景观陶艺元素在人与公共空间之间搭起沟通的桥梁，有助于建立起一种人与空间环境融洽的对话关系，这使景观陶艺元素在公共空间中扮演的角色日趋重要且成为主流。

瞧，在这花基上，幼儿的作品点缀着校园的每个小角落。

在后园附近的草地上，有一片"自然生态区"，遍布着陶泥做成的各种植物、小动物，培养幼儿对大自然的认知。

第六章

美育活动

6

童心古韵·经典传承：庆"六一"活动方案

一、活动主题

童心古韵·经典传承。

二、活动目标

（1）了解中国传统经典文化；知道每年的6月1日是国际儿童节，是小朋友自己的节日。

（2）在活动中学习各种经典文化技能，传承中国经典；提高幼儿的交往能力和表现力。

（3）在丰富的活动中感受六一儿童节的快乐，体验大人关爱自己的情感。

三、活动时间

（1）2023年5月30日上午8：30～11：00。

（2）2023年5月31日上午。

四、参与人员

全体师幼。

五、活动准备

（1）一楼大堂画展展区：油纸伞、脸谱、剪纸、国画等材料。中庭舞台背景：戏剧艺术展区、小舞台、红地毯等。

（2）场地安排：一楼大堂、中庭，小一班、小二班课室，餐厅前走廊，前操场。

（3）购买游戏摊位的环境创设材料：门头、稻草、木棍。自制游戏规则或说明。

（4）自助餐准备：传统风味美食、班级自助餐氛围布置、中庭围餐会场桌椅布置（小一班、小二班、小三班）。

（5）推选节目主持人：幼儿两名及各展区讲解员10名。

（6）节目彩排时间：2023年5月29日上午9∶20。

（7）画展布置时间：2023年5月28日。

（8）各会场布置时间：2023年5月29日下午。

（9）服装要求：全体师幼当天穿汉服。

六、人员安排

略。

七、活动内容及安排

（一）篇章一：童乐古风——游园会

活动时间：8∶50～10∶50

活动地点：一楼各展区（详见表6-1）

（1）活动准备：提前准备好活动物品，做好各展区展示牌、游戏玩法或规则介绍，做好摊位环境的创设。

（2）活动说明：全园共11个活动区，同时开放，分两场次进行，每场次40分钟。由于场地有限，各班孩子按两个时间段，由班中一位教师分批带孩子到各区域开展自主活动，并随时留意场内孩子的安全。生活教师留在班中组织剩下的孩子开展桌面游戏，其他教师按表6-1中的安排负责好各区的活动组织。

（二）篇章二：童绘古色——幼儿画展（见表6-1）

展出时间：2023年5月30日、31日9：00～16：30

展出地点：一楼中庭

表6-1　幼儿画展

序号	展区	负责班级	讲解员	备注
1	水墨画展区：国画、水墨画、晕染画	国画特色课程组、大三班	陈铿宇	1. 完成时间：2023年5月29日前 2. 展板布置：教务室、各班教室
2	剪纸艺术展区：剪纸	大一班	庄青儒	
3	戏剧艺术展区：脸谱装饰、团扇装饰	大二班、中四班、中三班	（舞台布景）	
4	青花艺术展区：纸伞、纸碟、花瓶、旗袍	中一班、中二班、大班	蔡宜昊	

（三）篇章三：童演古韵——文艺会演（见表6-2）

演出时间：9：20～9：50

演出地点：一楼前操场（舞台）

主持人：大班小朋友

表6-2　文艺会演

序号	节目	表演者	备注
1	乐器演奏《村居》	小钟琴特色组	各负责教师提前准备好服装道具、音乐等
2	寓言故事表演《狼来了》	大班幼儿	
3	童声合唱《春晓》	幼儿园合唱团	
4	古诗表演《静夜思》	小班级组	
5	古诗诵唱《悯农》	中一班幼儿	

（四）篇章四：童观古剧——《俑之城》《哪吒》（见图6-1）

时间安排：2023年5月31日上午9：00～10：00

地点：多媒体室（大班）、各班级

（五）篇章五：童品古味

活动时间：11：00~12：00

地点：各班级和中庭（小一班、小二班、小三班）

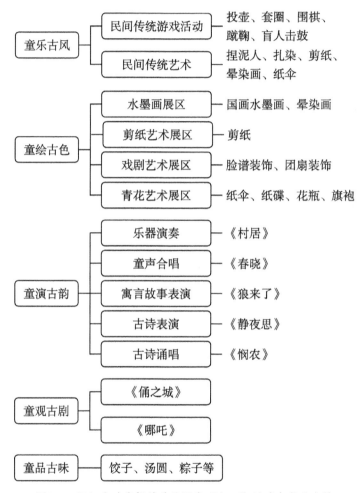

图6-1 阳江市政府机关幼儿园庆"六一"活动内容及安排

"我和妈妈有个约会"妇女节发箍制作
亲子活动方案

每个孩子的心中，都有一位名唤"母亲"的女神。

温情三月，杨柳依依，桃花灼灼，到处都洋溢着浓浓的春意，我们迎来了温馨、甜蜜的三八妇女节。在这个充满爱的"女神"节来临之际，阳江市政府机关幼儿园希望宝贝和妈妈共赴一场爱的盛宴——发箍制作亲子活动。感恩母亲，传达爱意。为妈妈做一件有意义的事，让妈妈过一个开心又难忘的节日。

一、活动目标

（1）让孩子懂得妈妈的伟大，借此机会表达对妈妈的爱。

（2）在发箍制作中感受艺术创作的魅力，提高孩子的动手能力和想象力。

（3）增强孩子的探索能力及创新能力，增进家长与孩子的亲密关系，让他们享受轻松的亲子时光。

二、活动时间

2019年3月7日下午3：00～5：00。

三、活动地点

幼儿园二楼综合室。

四、活动准备

会场准备：手持手举牌、背景板、罗马柱摆件、森系鲜花摆件、金
树、灯饰。

课程材料准备：黑色发箍40个、扭扭棒200根（闪光和非闪光）、
塑料粒、毛线、各色卡纸、闪光纸、宝石贴纸、双面胶、硅胶枪和硅胶
棒、小号大头笔。

五、活动对象

大班幼儿。

六、活动内容

（1）爱的创作（动手能力）：发箍制作亲子手工

（2）爱的陪伴（表演能力）：妈妈们带上孩子的小手工一起走秀

（3）爱的告白（表达能力）：聆听孩子们的真情流露

（4）爱的留影：自由拿手举牌拍照，定格精彩瞬间

七、活动安排

主持人：开场词、走秀词、结束词。

授课教师：准备课程PPT和音乐。

八、活动注意事项

（1）2019年3月6日前通知各家庭穿着漂亮的衣服准时出席会场。

（2）活动当天提醒场内的孩子不要乱跑和大声喧哗，讲清洁，保持会场的卫生，爱护公共设施。

（3）请各位家长看管好自己的孩子，注意安全。千万不要随意带孩子离开集体，如有特殊情况，一定要及时告知教师。

幼儿园文化建设方案

　　幼儿园文化是一所幼儿园长期形成的教育价值观的体现，是幼儿园管理的最高境界，是幼儿园明确的办园理念的核心。阳江市政府机关幼儿园经过三十余年的办学实践，在坚持"以人为本，和谐发展"的办园理念引领下，逐渐形成了自己独特的幼儿园文化特色。幼儿园通过打造"以人为本"的管理文化，构建和谐发展的教师文化，营造一切为了孩子发展的园本文化，把全园师生的共同利益、共同理想、共同追求紧密联系在一起，形成共同的价值理念，从而营造出一个积极向上、充满人文情怀的幼儿园文化氛围。独具魅力的幼儿园文化，犹如一股清新的空气，滋养着每个机关幼人。以下介绍从管理文化、教师文化、幼儿文化三个层面制订的我园文化建设方案的内容。

一、打造"以人为本"的管理文化，推动幼儿园的科学发展

　　管理文化是幼儿园文化建设的基础，我园在管理过程中坚持"以人为本"，逐渐形成了"廉洁、公正、实干、创新"的幼儿园管理文化理念。

（一）先进的管理理念

　　幼儿园领导班子成员在工作中始终坚持"三深入"的工作原则，深入教学一线、深入年级组教研组和深入幼儿中去，率先垂范，直接参与教育教学管理。幼儿园领导牢固树立"管理即服务"的理念，在工作中设身处地为教职工着想，用赏识的眼光看待教师的个性，用发展的眼光看

待教师的不足，用自身形象提升教师的境界，用团队精神激励教师的创造潜能，以诚待人，以情感人，以理服人，形成民主、和谐的幼儿园氛围。

（二）严谨的管理制度

对于选拔干部、评定职称、岗位聘任、年度评优及幼儿园财务等事宜，幼儿园实行民主监督，保证公正、公平、公开。幼儿园的重大决策、涉及教职工切身利益的工作必须由教职工代表大会通过才能实施。例如，我园在执行《奖励绩效工资发放方案》的过程中，事先将文件下发给教职工并组织他们学习，经广泛深入征集意见后，制订了分配方案。

幼儿园把加强廉政文化建设列为幼儿园党政工作的重点，幼儿园领导班子逐层签订"党风廉政建设责任书"，加强廉洁自律。幼儿园在人、财、物的管理上注意廉洁风险点的防控，并制定了自我防范措施，层层负责。每学期期末，全园教职工要对园长和幼儿园领导班子进行民主测评，反馈干部工作作风、业务能力和勤政廉洁情况。这能对干部起到很好的督促、警示作用，可以促进领导干部廉洁自律。责任落实，从制度建设、监督制约、宣传教育、廉政风险防范管理等方面全方位加强党风廉政建设。

幼儿园在教育教学管理上实行队伍优化管理模式，以业务副园长、保教主任、级组长为领导核心的管理机制，开展全园的教研活动，以及在级组管理过程中充分发挥以班主任为主的班级管理核心。这种管理模式一方面增强了年级教师工作的积极性、主动性和责任感；另一方面使年轻骨干教师的工作能力得到了很好的锻炼，特别是业务副园长和保教主任深入教学一线，直接参与教育教学管理，在实践中切实提高了发现问题、解决问题的工作能力。

（三）充满人情味的管理方式

我们常说："只有幼儿园领导心中时刻装着教师，教师心中才会更好地装着幼儿，幼儿才能得到最好的发展。"幼儿园关心教职工的生活，让幼儿园成为教工之家。幼儿园努力创造各种条件为教师解决生活中的困难，用各种文娱活动丰富教职工的课余生活。

二、构建和谐发展的教师文化，促进教师可持续发展

教师文化是幼儿园文化建设的关键。我园始终注重教师队伍的培养，用正确的教师价值观引领教师专业发展。我们制定了教师各阶段专业发展目标，经过长期的教师队伍建设，逐渐形成了"敬业、专业、事业"的教师文化理念。其主要特点如下。

（一）立足园本教研，促进教师专业发展

教师是幼儿园发展的希望与未来。我园积极主动地为教师专业发展搭建广阔的舞台，并且有一整套根据各层次教师水平促进其专业发展的园本培训计划与措施。

（二）以研促教，科研兴园，提升教师专业水平

我园提出"以研促教，科研兴园"的理念，以科研促成长。我园有4名园长教师成为省、市级"三名工程"和骨干校长、教师培养对象，今年有3项课题通过了立项。

（三）和谐的师生关系，激励教师专业可持续发展

教师敬业、热爱幼儿，就会赢得幼儿的尊重，这是幼儿园传授给每位教师的理念。

完善教师评价制度，从"德、能、勤、绩、廉"等方面不断完善教师评价体系，并建立相关的奖励制度，激励教师专业发展。

三、营造一切为了孩子发展的园本文化，促进幼儿全面和谐发展

（1）开展丰富多彩的活动，促进幼儿和谐发展；德育工作主题化、主题活动课程化是我园德育工作思路。

（2）完善园本课程体系，探索适合幼儿的教育。

（3）鼓励幼儿自主发展，学有所长。